ULRIKE ZIKA

Meine Wohlfühlküche mit Herz

LIEBLINGSGERICHTE, DIE SCHMECKEN UND GUT TUN

Mit Fotos von Nadine Poncioni

Pichler

Kochen ist Kunst, Liebe und Verbundenheit

Ich nehme mir gerne Zeit, um für mich selbst, aber auch für andere eine gute Mahlzeit zuzubereiten. Kochen ist für mich ein kreativer und schöpferischer Akt. So wie andere ein Bild malen oder eine Figur aus Stein meißeln, so kreiere ich meine Rezepte.

Meine Küche ist also sozusagen mein Atelier. Ich komponiere Suppen und Soßen, pinsle und werke mit verschiedensten Zutaten. Ich spiele mit Farben, Formen, Düften, Aromen und Konsistenzen. Das macht mir sehr viel Freude und ist für mich ein Tor zur Entspannung. Dass dabei am Ende auch noch etwas herauskommt, das mich nährt und meinen Körper erfreut, ist immer wieder aufs Neue Motivation, um mich wieder in die Küche zu stellen.

FÜR ANDERE ZU KOCHEN IST EIN INTIMES GESCHENK

Eine ganz besondere Qualität bekommt dieser Kochprozess dann, wenn ich für andere Menschen kochen darf. Gibt es doch wenige Situationen im Leben, die ähnlich intim sind, wie für andere Menschen eine Mahlzeit zubereiten zu dürfen. Schließlich kommen jene Dinge, die durch meine Hände gegangen sind, die ich zusammengefügt, verrührt, gebacken, gekocht und angerichtet habe, schließlich in das Innerste meiner Esser. Nur beim Sexualkontakt oder bei der medizinischen Pflege kommen wir sonst dem Körper eines anderen Menschen so nahe. Diese Nähe setzt ein großes Vertrauen voraus – und diesem Vertrauen will ich als Köchin mit viel Demut und Respekt begegnen. Das bedeutet auch, dass ich meine Haltung, meine Gedanken und meine Gefühle beim Kochen gerne beobachte und darauf achte, dass sie ebenso meinen Hygienestandards entsprechen wie die äußere Ordnung meiner Küche.

WENN ICH MIT MEINEN GÄSTEN GEMEINSAM GENIESSE, WIRD MEIN LEBEN ZUM FEST.

BEIM KOCHEN SPÜRE ICH DANKBARKEIT

Wenn ich dann schließlich mit meinen Liebsten, mit meiner Familie, mit Freunden und Freundinnen, Kollegen und Kolleginnen gemeinsam genießen darf, dann wird mein Leben zum Fest. Dann spüre ich jene Verbindung, die meinem Leben einen ganz besonderen Sinn gibt. Dann bin ich dankbar für so vieles. Dankbar, dass es so viele wunderbare Menschen gibt, mit denen ich wertvolle Zeit verbringen darf. Dankbar, dass uns Mutter Natur immer noch so üppig und verschwenderisch mit ihren Gaben beschenkt, obwohl wir sie häufig mit Füßen treten und gar nicht gut auf sie aufpassen. Dankbar all jenen, die an jedem einzelnen Gericht beteiligt waren, das heute am Tisch steht. Von den Gewürzbauern in fernen Ländern angefangen über die Hersteller meiner Töpfe bis zu den Regenwürmern in meinem Garten, die den Boden jedes Jahr aufs Neue aufbereiten, damit mein Gemüse darin gedeihen kann. Wenn wir uns bewusst machen, mit wie vielen Wesen wir und unser Genuss verbunden sind, werden wir uns nie wieder einsam fühlen.

Inhaltsverzeichnis

Das wahre Geheimnis von Großmutters Küche

Ob ein Essen schmeckt und guttut, hängt nicht nur von den einzelnen Zutaten ab, aus denen es besteht. Vor allem hat es naturgemäß mit jener Person zu tun, die die Mahlzeit zubereitet. Wenn wir uns Zeit nehmen fürs Kochen, die Lebensmittel schätzen und uns darüber freuen, für unsere Lieben eine gute Mahlzeit zubereiten zu dürfen, nähren wir mit dem Gericht Leib und Seele.

Damit ein Gericht gelingt, benötigt der Koch oder die Köchin eine Reihe von Fähigkeiten. Dazu gehören unter anderem ein feiner Gaumen, ein differenziertes Qualitätsbewusstsein, ausreichend Kreativität, ein gutes Vorstellungsvermögen und jede Menge Erfahrung, denn Übung macht bekanntlich den Meister und die Meisterin. Aber auch wenn Sie noch nicht zu den im Kochen versierten Großmüttern zählen, lassen Sie sich nicht entmutigen. Jeder fängt einmal an und entwickelt über die Jahre einen eigenen Kochstil. Mit der entsprechenden Hingabe kann im Lauf der Zeit dann jene Kompetenz wachsen, die für Kinder und Enkelkinder später vielleicht sogar zum Maß aller (Koch-)Dinge wird.

SEELENNAHRUNG VON GROSSMUTTERS HERD

Neben dem Handwerkszeug der Kochkunst spielt es jedoch eine große Rolle, mit welcher Geisteshaltung der Koch oder die Köchin in der Küche arbeitet. Wer abgehetzt, gestresst und missmutig, voller Sorgen, aggressiv, zornig, traurig, schlecht gelaunt, gelangweilt oder nicht bei der Sache in der Küche steht, dem wird es nicht gelingen, eine Mahlzeit zuzubereiten, die ihm oder ihr und anderen wirklich wohl bekommt. Davon bin ich zutiefst überzeugt.

Erinnern wir uns an die gute Küche unserer Großmütter, stellen viele von uns fest, dass diese Gerichte besonders positive Geschmackserinnerungen in uns wachrufen. Denn Großmutters Küche hat meist mehr als nur unseren Bauch gefüllt – sie hat uns oft auch seelisch wohlig warm fühlen lassen. Die meisten unserer Großmütter waren keine Haubenköchinnen oder Ernährungsexpertinnen. Ihr Erfolgsgeheimnis war ein ganz anderes.

SICH ZEIT NEHMEN

Die Zubereitung von hochwertigen Mahlzeiten benötigt Zeit. Damit ist nicht gesagt, dass es nicht auch flotte und einfache Gerichte gibt, die gut schmecken und wertvoll sind. Rezepte für viele solcher Gerichte werden Sie auch in diesem Buch finden. Aber es erfordert seine Zeit, hochwertige Zutaten zu beschaffen und fernab von Fertigsoßen, Dosen- und Tiefkühlware frische Mahlzeiten aus „echten" Lebensmitteln selbst zuzubereiten. Sich diese Zeit zu nehmen, bedeutet, der Zubereitung von Essen sowie der Nahrungsaufnahme an sich einen angemessenen Stellenwert zu geben.

GROSSMUTTERS KÜCHE HAT UNSEREN BAUCH GEFÜLLT UND UNS AUCH SEELISCH WOHLIG GEWÄRMT.

MIT LIEBE KOCHEN

Wenn wir dann auch noch eine wertschätzende Haltung, Achtsamkeit und Hingabe in den Kochprozess integrieren, wird ein fast magischer Prozess gestartet. Wer mit viel Liebe für sich, seine Familie sowie Freunde und Freundinnen kocht, nährt auf vielen Ebenen. Wie die Großmutter, die ihre Enkel verwöhnen und umsorgen möchte, können wir mit der entsprechenden Haltung sowohl Wohlgeschmack als auch emotionale Genusserlebnisse mit unseren Gerichten auf den Tisch und in die Seelen zaubern – auch in unsere eigene!

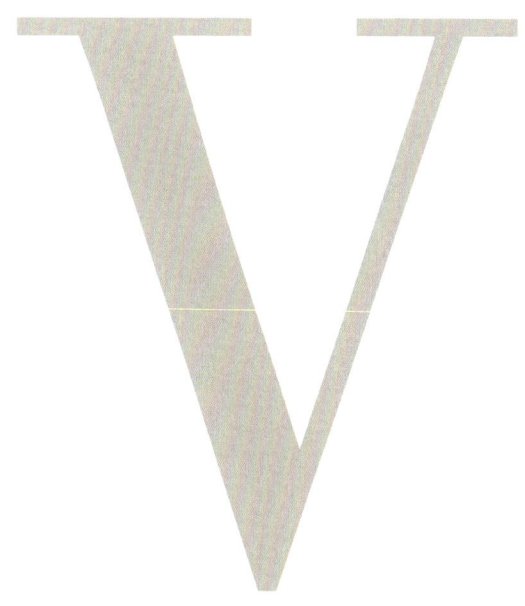

Vorspeisen & Salate

Bunter Belugalinsen-Salat

FÜR 2 PORTIONEN
ALS HAUPTSPEISE ODER
4 PORTIONEN ALS BEILAGE

250 g Belugalinsen

100 g Karotten

100 g Gelbe Rüben

1 rote Zwiebel

3 EL Steirisches Kürbiskernöl

1 EL Balsamicoessig

Salz

frisch gemahlener schwarzer Pfeffer

AUSSERDEM

Dämpfeinsatz oder Dampfgarer

ZUBEREITUNG

Die Linsen in einem Topf mit Dämpfeinsatz und 400 ml Wasser oder im Dampfgarer ca. 25 Min. weich dämpfen. Karotten und Gelbe Rüben schälen und ca. 20 Min. in einem anderen Topf weich dämpfen.

Die Zwiebel schälen und fein würfeln. Die gedämpften Rüben und Karotten in kleine Würfel schneiden und mit den gedämpften und noch warmen Belugalinsen vermengen. Mit Kürbiskernöl und Balsamicoessig marinieren, mit Salz und Pfeffer würzen und mit den Zwiebelwürfeln bestreut servieren.

—— TIPP

Dieser warme Linsensalat passt hervorragend zu Fisch.

Bitter-süßer Blattsalat mit Senfdressing und Sonnenblumenkernen

FÜR 2 PORTIONEN

1 Chicorée

1 Radicchio

200 g Rucola

½ Chinakohl

½ Bund Frühlingszwiebeln

3 EL Sonnenblumenkerne

1 EL Honig

1 EL Dijonsenf

Saft und Abrieb von 1 Bio-Zitrone

3 EL Natives Olivenöl Extra

Salz

frisch gemahlener schwarzer Pfeffer

ZUBEREITUNG

Die Blattsalate waschen, putzen und in dünne Streifen schneiden. Die Frühlingszwiebeln putzen und in feine Ringe schneiden.

Die Sonnenblumenkerne in einer Pfanne ohne Fett rösten, bis sie duften. Aus Honig, Senf, Zitronensaft und etwas Zitronenabrieb sowie Olivenöl ein Dressing mischen. Mit Salz und Pfeffer würzen.

Die Blattsalatstreifen mit den Frühlingszwiebeln durchmischen und mit dem Dressing marinieren.

Mit den gerösteten Sonnenblumenkernen bestreut servieren.

Warmer Karottensalat mit Frühlingszwiebeln

FÜR 2 PORTIONEN

500 g Karotten

1 Bund Frühlingszwiebeln

1 Handvoll gehackte Mandeln

1 TL Senf

1 TL Honig

3 EL Natives Olivenöl Extra

1 EL Apfelessig

Salz

frisch gemahlener schwarzer Pfeffer

AUSSERDEM

Dämpfeinsatz

ZUBEREITUNG

Die Karotten schälen, in Scheiben schneiden und in einem Topf mit Dämpfeinsatz je nach Dicke 10–15 Min. weich dämpfen. Die Frühlingszwiebeln putzen und in Ringe schneiden. Die Mandeln in einer Pfanne ohne Fett rösten.

Senf, Honig, Olivenöl und Apfelessig zu einem Dressing verrühren und mit Salz und Pfeffer würzen. Die gedämpften und noch warmen Karotten mit dem Dressing vermischen und mit den gerösteten Sonnenblumenkernen und den Frühlingszwiebeln bestreuen.

—— **GUT ZU WISSEN**

Dieser Salat versorgt uns mit wertvollen Vitaminen und Fettsäuren. Außerdem ist er gut vorzubereiten und schmeckt sogar noch besser, wenn er ein wenig länger ziehen darf. Kinder mögen Karotten besonders gerne, weil sie viel natürliche Süße enthalten.

Bunter Tomatensalat mit Liebstöckel und Hanf

FÜR 2 PORTIONEN

6–8 bunte Raritäten-Tomaten

1 rote Zwiebel

2–3 Stängel frischer Liebstöckel

3 EL ungeschälte Hanfsamen, alternativ Sonnenblumenkerne

3 EL Hanföl

1 EL Himbeeressig

Salz

frisch gemahlener bunter Pfeffer

ZUBEREITUNG

Die Tomaten waschen, vom Stielansatz befreien und in Scheiben schneiden. Die Zwiebel schälen und in Ringe schneiden. Liebstöckel abbrausen, trocken tupfen und fein schneiden. Die Hanfsamen in einer Pfanne ohne Fett rösten, bis sie duften.

Die Tomatenscheiben in einem tiefen Teller auflegen und mit Zwiebel, Liebstöckel und Hanfsamen bestreuen. Mit etwas Hanföl und Himbeeressig beträufeln und mit Salz und Pfeffer würzen.

—— **TIPP**

Dieser Tomatensalat sieht nicht nur wunderschön aus, sondern schmeckt auch herrlich frisch und ist sehr gesund. Natürlich bereite ich ihn nur im Sommer mit sonnengereiften, heimischen Tomaten zu.

Gerichte mit Kräutern, Gewürzen und Nüssen kulinarisch aufwerten

Ich esse gerne gut. Und ich esse gerne gesund. Weil ich diese beiden Ansätze vereinen möchte, verarbeite ich in meinen Gerichten stets gesunde und aromatische Mehrwertzutaten. Dazu gehört eine große Vielfalt an frischen Kräutern und getrockneten Gewürzen ebenso wie jede Menge Nüsse, Samen und Kerne.

KRÄUTER UND GEWÜRZE BRINGEN AROMA

Mutter Natur hat eine große Anzahl aromatischer Kräuter und Gewürze hervorgebracht, die nur darauf warten, unsere Geschmacksknospen zu erfreuen. Doch in vielen Küchen in unseren Breiten sind die Gewürzregale leider oft einfallslos bestückt. So manch einer kommt beim Kochen und Würzen über Jahre mit Salz und Pfeffer, Paprika, Majoran und Kümmel über die Runden. Und dann werden diese wenigen Kräuter und Gewürze auch noch sparsam verwendet. Vom kulinarischen und gesundheitlichen Standpunkt betrachtet ein Jammer! Schauen wir auf andere Kulturen, finden wir schnell Ess- und Kochgewohnheiten, bei denen Gewürze in einer Vielfalt und auch Menge eingesetzt werden, die wir uns für unsere heimische Küche zum Vorbild nehmen sollten. Basilikum, Oregano, Salbei, Thymian oder Rosmarin, die vor allem in der mediterranen Küche häufig verwendet werden, sind kulinarische Schätze, die wir unbedingt regelmäßig zum Einsatz bringen sollten. Und dabei muss man wissen, dass Thymian nicht gleich Thymian und Salbei nicht gleich Salbei ist. Es gibt Zitronenthymian, Orangenthymian, dreifarbigen Salbei, gelbgrünen Salbei, Ananassalbei, Muskatellersalbei ... Seit ich einen eigenen Garten habe, wird die Vielfalt an mediterranen Kräutern, die ich anbaue und in der Küche verwende, von Jahr zu Jahr größer. Und wenn wir uns ein wenig von der deutschen Heilkundlerin Hildegard von Bingen aus dem 11. Jahrhundert inspirieren lassen möchten, verwenden wir auch Ysop, Bertram oder Galgant.

> Basilikum, Oregano, Salbei, Thymian oder Rosmarin sind kulinarische Schätze, die wir regelmäßig verwenden sollten.

EXOTISCHES FEUERWERK FÜR DEN GAUMEN

Wer kulinarisch gerne über den Tellerrand hinaus in den arabischen Raum oder nach Asien blickt, verwöhnt seine Geschmacksknospen mit Ingwer, Gelbwurz, Safran, Kreuzkümmel oder Koriander. Auch mit der Vielfalt an Pfeffersorten zu experimentieren, kann uns ein neues kulinarisches Universum eröffnen. Gerade altbekannten Hausmannskostgerichten kann man mit einer exotischen Pfeffersorte oder einem Asia-Gewürz eine neue und moderne Note verleihen und somit Abwechslung in den Speiseplan bringen. Würzen Sie beispielsweise den Hecht in Pfeffer-Zitronen-Soße (siehe S. 83) mit exotischem Andaliman-Pfeffer. Oder verfeinern Sie das herzhafte Mangold-Gemüse (siehe S. 135) mit aromatischem Kubeben-Pfeffer. Auch das Apfel-Curry-Kraut (siehe S. 142) lässt sich so geschmacklich noch interessanter machen.

NÜSSE, SAMEN UND KERNE – GESCHMACKVOLLE VITALSTOFFBOMBEN

Nüsse, Samen und Kerne sind besondere Leckerbissen, denn sie enthalten neben verführerischen Aromen auch wertvolle Fettsäuren. Sie fungieren in Gerichten nicht nur als besondere Geschmacksträger, sondern sind auch Bestandteil einer gesunden Ernährung. Vorspeisen, Suppen, Soßen, Salate, Pestos, Cremen und Desserts profitieren besonders von den kleinen Kraftwerken. Ob exklusive Gourmandisen wie Pinien- oder Zedernkerne oder die dem menschlichen Gehirn nicht zufällig so ähnlich schauende Walnuss – regelmäßig am Speiseplan werten diese Minivitalstoffbomben jedes Gericht ordentlich auf.

Chinakohl-Salat
mit gerösteten Hanfsamen

FÜR 2 PORTIONEN

1 kleiner Chinakohl

1 kleine rote Zwiebel

3 EL Hanfsamen

3 EL Hanfsamenöl

1 EL Apfelessig

Salz

frisch gemahlener weißer Pfeffer

ZUBEREITUNG

Den Chinakohl waschen und fein nudelig schneiden. Die Zwiebel schälen und in feine Scheiben schneiden. Die Hanfsamen in einer Pfanne ohne Fett rösten, bis sie duften.

Chinakohl und Zwiebel in einer Salatschüssel vermischen. Hanfsamenöl und Apfelessig vermengen und mit Salz und Pfeffer würzen. Das Dressing zum Salat geben und kräftig durchmischen. Mit den gerösteten Hanfsamen bestreut servieren.

—— **GUT ZU WISSEN**

Hanfsamen und Hanfsamenöl enthalten zahlreiche Vitalstoffe und haben ein optimales Verhältnis von Omega-3- und Omega-6-Fettsäuren.

Schneller Rettich-Salat

FÜR 2 PORTIONEN

1 weißer Rettich

Salz

3 EL Apfelessig

3 EL schwarze Sesamsamen

ZUBEREITUNG

Den Rettich schälen, grob raspeln, salzen und mind. 30 Min. ziehen lassen. Anschließend mit Apfelessig vermischen und mit schwarzem Sesam bestreuen.

—— **TIPP**

Der Salat ist in Sekundenschnelle zubereitet und passt hervorragend zu Fisch und Getreidegerichten.

Rote-Rüben-Salat

FÜR 8–10 PORTIONEN

1,5 kg Rote Rüben

500 ml Wasser

1 Meerrettichwurzel

350 ml Apfelessig

1 TL Senfkörner

1 TL Pfefferkörner

1 Lorbeerblatt

1 EL Kümmelsamen

Salz

AUSSERDEM

Dämpfeinsatz oder Dampfgarer

10 sterile Einmachgläser à 250 ml

ZUBEREITUNG

Rote Rüben putzen und in einem Topf mit Dämpfeinsatz, alternativ im Dampfgarer, je nach Größe ca. 1 Std. weich dämpfen.

In der Zwischenzeit 500 ml Wasser erhitzen. Den Meerrettich reißen und mit dem Essig sowie den Gewürzen ins Wasser geben. Aufkochen, 10 Min. köcheln lassen, anschließend abseihen und den Sud auffangen.

Die Roten Rüben nach dem Dämpfen mit kaltem Wasser abschrecken und schälen. Bei der Verarbeitung der Roten Rüben eventuell Handschuhe tragen, denn die Früchte färben stark. Die Rüben in Scheiben oder Stifte schneiden und in sterile Einmachgläser füllen. Die Gläser mit dem heißen Gewürzsud aufgießen und verschließen. Auskühlen lassen, bis sich ein Vakuum bildet. Kühl und dunkel lagern.

—— **GUT ZU WISSEN**

Rote Rüben gehören zu den gesündesten Gemüsesorten, die Mutter Natur zu bieten hat. Sie sind gut für die Verdauung, für Herz und Gefäße, für unsere Leistungsfähigkeit und unser Glücksempfinden.

Klassischer Kartoffelsalat

FÜR 4 PORTIONEN

1 kg festkochende Kartoffeln
(vorzugsweise Kipfler)

1–2 rote Zwiebeln

200 ml Rinderbrühe
oder Gemüsebrühe

1 EL Dijonsenf

100 ml Sonnenblumenöl

2 EL Apfelessig

Salz

frisch gemahlener schwarzer Pfeffer

AUSSERDEM

Dämpfeinsatz oder Dampfgarer

ZUBEREITUNG

Die Kartoffeln mit Schale in einem Topf mit Dämpfeinsatz oder im Dampfgarer garen. Die Zwiebeln schälen und fein hacken. Rinder- oder Gemüsebrühe, Senf, Sonnenblumenöl und Apfelessig zu einem Dressing verrühren, mit Salz und Pfeffer würzen.

Die gedämpften Kartoffeln noch warm schälen, in Scheiben schneiden und schichtweise mit den Zwiebeln und dem Dressing marinieren. Den Salat mind. 30 Min. durchziehen lassen und vor dem Servieren nochmals mit Salz und Pfeffer abschmecken.

Kartoffelsalat mit Basilikum-Pesto

ZUBEREITUNG

Den Kartoffelsalat nach Grundrezept zubereiten und in die Marinade 1–2 EL Basilikum-Pesto einrühren.

Kartoffelsalat mit selbst gemachter Mayonnaise

ZUBEREITUNG

Den Kartoffelsalat nach Grundrezept zubereiten, aber anstelle des Dressings mit selbstgemachter Mayonnaise (siehe S. 26) verrühren.

Kartoffelsalat à la Christine

ZUBEREITUNG

Den Kartoffelsalat nach Grundrezept zubereiten, mit frischem Vogerlsalat vermischen und mit den Kernen eines Granatapfels bestreut servieren.

Diese Variation ist ein Klassiker meiner oberösterreichischen Freundin Christine, der beim traditionellen und jährlich stattfindenden „Christbaumsitzen" nicht fehlen darf.

Grundrezept Mayonnaise

FÜR 4–8 PORTIONEN

1 Eigelb, zimmerwarm

1 TL Dijonsenf

etwas Zitronensaft

200 ml Maiskeimöl

50 ml Olivenöl

Salz

frisch gemahlener schwarzer Pfeffer

ZUBEREITUNG

Das Eigelb mit Senf und einem Spritzer Zitronensaft mit dem Mixer verrühren. Die beiden Öle mischen und tröpfchenweise einträufeln, bis die Masse emulgiert und eine Mayonnaise entsteht. Mit Salz und Pfeffer würzen.

—— TIPP

Mayonnaise können Sie geschmacklich auch variieren, indem Sie unterschiedliche Öle verwenden. Statt Olivenöl können Sie z. B. Sesamöl, Mohnöl, Walnussöl, Hanföl oder Trüffelöl verwenden und geben der Basis-Mayonnaise damit jedes Mal eine andere Geschmacksrichtung.

Knoblauch-Mayonnaise

ZUBEREITUNG

Die Mayonnaise nach Grundrezept zubereiten. 2 Knoblauchzehen schälen, fein hacken oder zerdrücken, unter die Mayonnaise rühren und ziehen lassen.

Zitronen-Pfeffer-Mayonnaise

ZUBEREITUNG

Die Mayonnaise nach Grundrezept zubereiten. Mit dem Abrieb von 1 TL Bio-Zitrone mischen und mit frisch gemahlenem weißem Pfeffer würzen.

Basilikum-Mayonnaise

ZUBEREITUNG

Die Mayonnaise nach Grundrezept zubereiten.
15 frische Basilikumblätter fein hacken und untermengen.

Safran-Mayonnaise

ZUBEREITUNG

Die Mayonnaise nach Grundrezept zubereiten.
4 Fäden Safran in 2 cl trockenem weißem Sherry einlegen, bis eine kräftige gelbe Färbung entsteht. Den Safran-Sherry mit der Mayonnaise verrühren.

Gelbwurz-Mayonnaise

ZUBEREITUNG

Die Mayonnaise nach Grundrezept zubereiten und mit 1 TL gemahlener Kurkuma verrühren.

Geräucherte Paprika-Mayonnaise

ZUBEREITUNG

Die Mayonnaise nach Grundrezept zubereiten und mit 1 TL geräuchertem Paprikapulver verrühren.

Rote-Rüben-Türmchen mit Räucherforelle

FÜR 2 PORTIONEN

250 g Rote Rüben

100 g Räucherforellenfilet

50 g Crème fraîche

100 g Topfen

15 g frisch geriebener Meerrettich

1 EL Leinöl

1 Bio-Zitrone

Salz

frisch gemahlener bunter Pfeffer aus der Mühle

AUSSERDEM

Dämpfeinsatz

Zahnstocher

ZUBEREITUNG

Rote Rüben putzen und in einem Topf mit Dämpfeinsatz je nach Größe 45–50 Min. weich dämpfen. Auskühlen lassen und in ca. 5 mm dicke Scheiben schneiden. Das Forellenfilet von Haut und gegebenenfalls Gräten befreien und mit einer Gabel zerdrücken. Mit Topfen, Crème fraîche, Meerrettich, Zitronensaft und Leinöl verrühren und mit Salz und Pfeffer würzen.

Die Rote-Rüben-Scheiben abwechselnd mit Meerrettichcreme bestreichen und immer 4 Scheiben zu einem Türmchen stapeln. In der Mitte mit einem Zahnstocher fixieren. Die Türmchen mit Pumpernickel oder getoastetem Vollkornbrot servieren.

——— **GUT ZU WISSEN**

Leinöl und Fisch sind reich an wertvollen Omega-3-Fettsäuren und sollten daher regelmäßig auf unserem Speiseplan stehen. Rote Rüben gehören zu den gesündesten Gemüsesorten der Welt.

Fisolensalat mit Kernöl und Schafskäse

FÜR 2 PORTIONEN

400 g Fisolen

1 rote Zwiebel

200 g Schafskäse

3 EL Steirisches Kernöl

1 EL Apfelessig

Salz

frisch gemahlener schwarzer Pfeffer

AUSSERDEM

Dämpfeinsatz

ZUBEREITUNG

Die Fisolen putzen und in mundgerechte Stücke schneiden. In einem Topf mit Dämpfeinsatz 15–20 Min. bissfest dämpfen, danach in Eiswasser abschrecken, damit die sattgrüne Farbe erhalten bleibt. In der Zwischenzeit die Zwiebel schälen und fein würfeln. Den Schafskäse grob zerkleinern.

Die bissfest gegarten Fisolen auf Tellern verteilen, Schafskäse und Zwiebelwürfel darüberstreuen. Mit Kernöl und Apfelessig beträufeln und mit Salz und Pfeffer würzen.

—— **TIPP**

Der Salat schmeckt kalt oder lauwarm, als Beilage oder leichte vegetarische Mahlzeit.

Sonnengereifte Tomaten und Gurken in Kräuterjoghurt

FÜR 2 PORTIONEN

1 sonnengereifte Gurke

2 sonnengereifte Tomaten

1 Bund frische Kräuter

250 g stichfestes Joghurt

125 g Sauerrahm

Saft und Abrieb von 1 Bio-Limette

½ TL gemahlener Kümmel

Salz

frisch gemahlener schwarzer Pfeffer

ZUBEREITUNG

Die Gurke schälen, längs halbieren, von den Kernen befreien und in kleine Würfel schneiden. Die Tomaten von Stielansatz und Samen befreien und in kleine Stücke schneiden. Die Kräuter abbrausen, trocken tupfen und fein hacken.

Gurkenwürfel und Tomatenstücke mit Joghurt und Sauerrahm verrühren. Die Kräuter, Limettensaft und -abrieb sowie Kümmel unterrühren. Mit Salz und Pfeffer würzen.

—— **TIPP**

Dieses kühlende Joghurt-Gemüse gibt es bei uns regelmäßig, wenn im Sommer Tomaten und Gurken in meinem Garten reif sind und es draußen heiß ist. Das Rezept ist inspiriert von den köstlichen indischen „Raitas", die dort gerne zu scharfen Currygerichten gegessen werden, um die Schärfe etwas abzumildern. Es passt gut zu Aufläufen, Eintöpfen und Gegrilltem.

Wie großzügig uns doch
MUTTER NATUR laufend BESCHENKT.
Ein gute Gelegenheit,
täglich DANKBAR zu sein.

Christines Erntedankfest-Carpaccio

FÜR 2 PORTIONEN ALS VORSPEISE

1 runde Zucchini

1 EL Himbeeressig

1 EL Pinienkerne

3 EL Natives Olivenöl Extra

Salz

50 g gehobelter Parmesan

ZUBEREITUNG

Die Zucchini vom Stielansatz befreien und mit dem Allesschneider in hauchdünne Scheiben schneiden. Die Scheiben mit Himbeeressig bepinseln und mind. 1 Std. ziehen lassen.

Die Pinienkerne hacken und in einer Pfanne ohne Fett rösten, bis sie duften. Die marinierten Zucchinischeiben mit Olivenöl einpinseln, salzen und auf einer Anrichteplatte verteilen. Mit den gerösteten Pinienkernen und gehobeltem Parmesan bestreuen.

Kohlrabi- Carpaccio

FÜR 2 PORTIONEN ALS VORSPEISE

1 Kohlrabi

1 EL blanchierte Mandeln

fruchtiges Olivenöl Extravergine

Saft und Abrieb von ½ Bio-Zitrone

Salz

frisch gemahlener schwarzer Pfeffer

geriebener Pecorino zum Bestreuen, optional

ZUBEREITUNG

Kohlrabi schälen und mit dem Allesschneider in hauchdünne Scheiben schneiden. Die Mandeln fein hacken und in einer Pfanne ohne Fett braun rösten, bis sie duften.

Die Kohlrabischeiben mit Zitronensaft und -abrieb marinieren und 10 Min. ziehen lassen. Kurz vor dem Servieren mit Olivenöl beträufeln, mit Salz und Pfeffer würzen und mit den gerösteten Mandeln bestreuen. Nach Wunsch mit geriebenem Pecorino bestreuen.

Rote-Rüben-Carpaccio

FÜR 2 PORTIONEN ALS VORSPEISE

1 Rote Rübe

1 Handvoll Walnusskerne

1 Frühlingszwiebel

2 Stängel Petersilie

3 EL Natives Olivenöl Extra

1 EL Rotweinessig

Salz

frisch gemahlener schwarzer Pfeffer

150 g Schafkäse, optional

ZUBEREITUNG

Den Backofen auf 180 °C vorheizen. Die Rote Rübe putzen und im Backofen 1 Std. garen. Anschließend schälen und mit der Küchenmaschine in sehr dünne Scheiben schneiden. Die Walnüsse fein hacken und in einer Pfanne ohne Fett rösten, bis sie duften.

Für die Marinade die Frühlingszwiebel putzen, die Petersilie abbrausen und trocken tupfen und beides mit Öl und Essig in der Küchenmaschine zu einem flüssigen Dressing mischen. Mit Salz und Pfeffer würzen.

Die Rote-Rübe-Scheiben mit Marinade mischen und 10 Min. ziehen lassen. Auf einer Anrichteplatte verteilen und mit den gerösteten Walnüssen bestreuen. Nach Wunsch Schafkäse würfeln und über das Carpaccio streuen.

Bio-Lebensmittel aus Respekt vor der Natur

Ja, ich gestehe es: Ich bin eine „Bio-Tante"! Wenn immer es möglich ist, verarbeite ich Lebensmittel, die aus biologischer Landwirtschaft stammen oder eine vergleichbare Qualität aufweisen. Ich tue das aus Respekt vor der Natur und vor dem, was sie uns an Nahrungsmitteln schenkt.

Bio-Label gibt es hierzulande bereits in großer Vielfalt. Das Bio-Austria-Logo, das AMA-Biosiegel, das EU-Bio-Logo oder das Demeter-Logo versichern, dass die Lebensmittel oder Zutaten einen Qualitätsstandard aufweisen, der unter ethischen, ökologischen wie auch gesundheitlichen Gesichtspunkten empfehlenswert ist. Umweltschutzorganisationen wie Global 2000, WWF oder Greenpeace geben regelmäßig Informationen über die aktuellen Gütesiegel und ihre Bedeutung heraus.

WICHTIG IST, DASS „BIO" DRIN IST

Bio-Label erleichtern beim Einkauf zwar die Auswahl von nachhaltig produzierten Lebensmitteln. Jedoch sollte man stets bedenken, dass Gemüse oder Fleisch nachhaltig erzeugt sein kann, auch wenn es ohne Bio-Label verkauft wird. Vor allem kleine ökologisch produzierende Betriebe müssen oft kämpfen, wenn sie ihre Produkte als Bio-Lebensmittel zertifizieren lassen wollen – und manche können sich eine Zertifizierung schlicht nicht leisten. Umgekehrt gibt es auch bei biozertifizierten Herstellern zuweilen schwarze Schafe. Ein Bio-Label allein bringt nicht unbedingt zum Ausdruck, dass beispielsweise das verwendete Saatgut aus einer nachhaltigen Quelle stammt. Dennoch empfehle ich,

lieber Biowaren als konventionell produzierte Lebensmittel einzukaufen.

Es muss jedoch nicht zwingend ein Bio-„Label" sein. Das Gemüse aus dem eigenen oder Großmutters Garten hat wahrscheinlich kein Bio-

Pickerl und ist dennoch frei von Pestiziden & Co. Es ist also weniger wichtig, was draufsteht, als das, was drinnen ist. Ich selbst dünge mit Kompost, Pferdemist, Hornspänen, Urgesteinsmehl oder selbst gemachter Brennnesseljauche. Chemische Unkrautvernichter oder Pestzide haben in meinem Garten nichts zu suchen.

Wir bringen Lebensmitteln Wertschätzung entgegen, wenn wir sie bewusst zubereiten und langsam genießen.

BIO-FLEISCH AUS RESPEKT VOR DEN TIEREN

Beim Kauf von Fleisch, Fisch und Geflügel ist es mir im Sinne einer nachhaltigen und gesunden Ernährung wichtig, dass die Tiere artgerecht gehalten, mit biologischem Futter versorgt, nicht mit Medikamenten vollgepumpt werden und dass die Würde der Tiere gewahrt ist. Ich empfinde tiefe Dankbarkeit gegenüber einem Tier, das mir sein Fleisch schenkt.

GUTE QUALITÄT HAT IHREN PREIS

Fairtrade ist ein Begriff, den wir nicht nur auf ferngereiste Bananen und Schokolade anwenden dürfen. Stattdessen sollten wir bereit sein, für die gute Qualität aller Lebensmittel einen fairen Preis zu bezahlen. Auch unsere heimischen Bauern sollen für die ehrliche und gute Qualität ihrer Produkte einen Preis erzielen, von dem sie ebenso gut leben können, wie wir gut genießen möchten. Qualität kommt vor Quantität – dies ist beim Lebensmittelkonsum ein wichtiger Leitsatz, mit dem wir nicht nur nachhaltig konsumieren, sondern auch das Haushaltsbudget nicht überstrapazieren.

GUTES ESSEN BRAUCHT SEINE ZEIT

Respekt und Wertschätzung bringen wir Lebensmitteln auch entgegen, wenn wir uns Zeit nehmen, sie bewusst zubereiten und langsam genießen. Auch der Anbau, das Reifen und die Verarbeitung von Lebensmitteln brauchen ihre Zeit. Der eigene Obst- und Gemüsegarten lehrt und das jedes Jahr aufs Neue. Die Zeit, die wir damit verbringen, für uns und unsere Lieben ein gutes Essen zuzubereiten, kann sehr wertvoll sein. Wenn Sie es als kreative und erfüllende Tätigkeit betrachten können, Rezepte zu kreieren und Mahlzeiten zuzubereiten, dann werden Ihnen als Dank dafür Genuss, Freude und eine Extraportion Gesundheit geschenkt werden.

Rotkraut mit Himbeeren und Ziegenkäse

FÜR 2 PORTIONEN

250 g frisches Rotkraut

½ TL gemahlener Kardamom

Salz

1 EL Himbeeressig

3 EL Natives Olivenöl Extra

50 g frische Himbeeren

100 g Ziegenkäse

frisch gemahlener schwarzer Pfeffer

AUSSERDEM

Dämpfeinsatz oder Dampfgarer

ZUBEREITUNG

Das Rotkraut von den äußeren Blättern und vom Strunk befreien und fein nudelig schneiden, mit Kardamom und Salz würzen. In einem Topf mit Dämpfeinsatz oder im Dampfgarer 5–10 Min. bissfest dämpfen.

Das Rotkraut mit Himbeeressig und Olivenöl marinieren und die Himbeeren untermischen. Den Ziegenkäse in Stücke schneiden und auf dem Rotkraut drapieren, mit Pfeffer würzen und lauwarm servieren.

—— **TIPP**

Das Rotkraut passt hervorragend als Vorspeise zu einem Wildmenü.

Weißkrautsalat mit Mangalica-Speck und Kümmel

FÜR 2 PORTIONEN

1 kleiner Weißkrautkopf

1 dünne Scheibe Mangalica-Speck

1 TL Kümmelsamen

3 EL Apfelessig

Salz

frisch gemahlener schwarzer Pfeffer

AUSSERDEM

Dämpfeinsatz oder Dampfgarer

ZUBEREITUNG

Das Weißkraut von den äußeren Blättern und vom Strunk befreien und mit dem Krauthobel oder dem Messer fein nudelig schneiden. In einem Topf mit Dämpfeinsatz oder im Dampfgarer ca. 30 Min. dämpfen.

Den Speck in dünne Streifen schneiden und in einer Pfanne glasig braten. Das gedämpfte Weißkraut mit Kümmel, Speck und dem Bratfett sowie Apfelessig vermischen, mit Salz und Pfeffer würzen und 10 Min. ziehen lassen.

—— **VARIANTE**

Für eine vegetarische Variante verwenden Sie statt Mangalica-Speck Räuchertofu-Würfelchen und etwas Sonnenblumenöl.

Sellerie-Walnuss-Salat mit Petersilie und Zitrone

FÜR 2–4 PORTIONEN

1 Sellerieknolle

1 großer Bund Petersilie

1 Handvoll Walnusskerne

Saft und Abrieb von 1 Bio-Zitrone

3 EL Walnussöl

frisch geriebene Muskatnuss

Salz

AUSSERDEM

Dämpfeinsatz oder Dampfgarer

ZUBEREITUNG

Den Sellerie schälen und in kleine Würfel schneiden. In einem Topf mit Dämpfeinsatz oder im Dampfgarer 15 Min. weich dämpfen. Die Petersilie abbrausen, trocken tupfen und fein hacken. Die Walnüsse in einer Pfanne ohne Fett rösten und grob hacken.

Die gedämpften und noch heißen Selleriewürfel mit der Petersilie und den gehackten Walnüssen vermengen. Walnussöl, Zitronensaft und etwas Schalenabrieb, Muskatnuss und Salz vermischen und den Selleriesalat damit marinieren. Den Salat warm servieren.

—— **TIPP**

Der Selleriesalat passt hervorragend zu Welsfilet in Gewürzpanade (siehe S. 82).

Suppen & Eintöpfe

Cremige Champignonsuppe

FÜR 2 PORTIONEN

1 EL getrocknete Steinpilze

250 g Champignons

1 kleine Zwiebel

3 EL Natives Olivenöl Extra

500 ml Gemüsebrühe

25 g geriebener Parmesan

125 ml Obers

50 ml trockener Weißwein

Abrieb von 1 Bio-Zitrone

Salz

frisch gemahlener schwarzer Pfeffer

1 kleiner Bund Petersilie

1 Handvoll geröstete Sonnenblumenkerne, optional

ZUBEREITUNG

Die Steinpilze ca. 30 Min. in 100 ml lauwarmem Wasser einweichen. Die Champignons putzen, mit einem Geschirrtuch abreiben und in grobe Stücke schneiden. Die Zwiebel schälen und grob hacken.

Olivenöl in einem Topf erhitzen. Die Zwiebel darin anrösten. Die Pilze zufügen und kurz mitrösten. Gemüsebrühe und Einweichwasser der Steinpilze angießen. Die Suppe 15 Min. bei mittlerer Hitze köcheln, bis die Pilze weich sind. Geriebenen Parmesan, Obers und Weißwein zufügen, kurz aufkochen und mit dem Stabmixer fein pürieren. Mit Zitronenabrieb, Salz und reichlich Pfeffer würzen.

Die Petersilie abbrausen, trocken tupfen, fein hacken und kurz vor dem Servieren einrühren. Nach Wunsch die Suppe mit gerösteten Sonnenblumenkernen bestreuen.

Bäuerlicher Rollgersteneintopf mit Pilzen und Gelben Rüben

FÜR 4 PORTIONEN

150 g Rollgerste

100 g braune Cremechampignons

100 g weiße Cremechampignons

10 g getrocknete Steinpilze

1 Zwiebel

2 Knoblauchzehen

1 Gelbe Rübe

1 Karotte

3 EL Natives Olivenöl Extra

1 l Gemüsebrühe

1 Lorbeerblatt

1 TL gemahlener Kümmel

2 TL getrockneter Majoran

Salz

frisch gemahlener schwarzer Pfeffer

1 Handvoll frisch gehackte Petersilie

ZUBEREITUNG

Rollgerste waschen und abseihen. Die Champignons putzen, mit einem Geschirrtuch abreiben und in Stücke schneiden. Die getrockneten Steinpilze in 200 ml lauwarmem Wasser einweichen. Zwiebel und Knoblauch schälen und fein hacken. Gelbe Rübe und Karotte schälen und in kleine Würfel schneiden.

Olivenöl in einem Topf erhitzen. Zwiebel und Knoblauch darin glasig dünsten. Rollgerste, Pilze mit Einweichwasser, Gelbe Rübe und Karotte zugeben, Gemüsebrühe angießen und Gewürze zufügen. Die Einlage bei geringer Hitze ca. 40 Min. weich dünsten. Mit Salz und Pfeffer würzen und mit etwas Olivenöl abschmecken. Vor dem Servieren mit frisch gehackter Petersilie bestreuen.

—— **TIPP**

Wer es noch etwas deftiger mag, kann Geselchtes oder Speckwürfel mitkochen.

Berglinsen-suppeneintopf

FÜR 2 PORTIONEN

1 Zwiebel

2 Knoblauchzehen

50 g Pastinaken

50 g Karotten

100 g Berglinsen

2 EL Natives Olivenöl Extra

500 ml Gemüsebrühe

1 Lorbeerblatt

1 TL getrockneter Thymian

1 kleiner Zweig Rosmarin

Salz

frisch gemahlener schwarzer Pfeffer

1 EL Balsamicoessig

1 EL Tabascosoße

ZUBEREITUNG

Zwiebel, Knoblauch, Pastinaken und Karotten schälen. Zwiebel und Knoblauch fein hacken, Pastinaken und Karotten in kleine Stücke schneiden. Die Linsen waschen und abseihen.

Olivenöl in einem Topf erhitzen. Zwiebel und Knoblauch darin andünsten. Das Gemüse und anschließend die Linsen zugeben. Gemüsebrühe angießen und die Kräuter zufügen. Ca. 30 Min. kochen, bis die Linsen weich sind. Mit Salz, Pfeffer, Balsamicoessig und Tabascosoße würzen und heiß servieren.

Ein Loblied
auf das Kohlgemüse

Wenn ich über Kohlgemüse rede, gerate ich leicht ins Schwärmen. Denn Rotkraut, Broccoli, Rosenkohl, Grünkohl und die vielen anderen Kohlgemüsearten zählen zu den heilkräftigsten Lebensmitteln, die die Natur hervorgebracht hat. Außerdem kann man sie köstlich zubereiten, sie sind heimisch und meist kostengünstig – was wollen wir mehr?

Kohl (lateinisch *Brassica*) gehört botanisch zur Familie der Kreuzblütengewächse und umfasst eine ganze Palette an Gemüsesorten wie Grünkohl, Weißkraut, Rotkraut, Broccoli, Kohlrüben, Karfiol, Chinakohl, Senf, Rettich, Radieschen, Kren oder Kresse. Wie die Volksmedizin seit Langem weiß, kann Kohl auch medizinisch gute Dienste leisten. So mancher Kohlwickel hat auch mich schon von schmerzhaften Entzündungen befreit. Ich schwöre also nicht nur kulinarisch, sondern auch naturheilkundlich gerne von der Kohlfamilie.

SOOOOO GESUND!

Eine Vielzahl an Inhaltsstoffen ist für die gesundheitsfördernde Wirkung der *Brassica*-Gewächse verantwortlich. Viele Kohlarten enthalten große Mengen an Vitamin C, Vitamin K, Chlorophyll, Kupfer und Kalzium sowie gesunde schwefelhaltige Aromastoffe wie Senfölglykoside, die dem Kohl seine antibakterielle Wirkung und auch seinen aromatischen Geschmack verleihen. Auch unsere Darmbakterien lieben Kohl, da er die gesunden Laktobakterien im Darm nährt und das Wachstum von schädlichen Fäulnisbakterien unterdrückt. In der Naturheilkunde wird Kohl als hoch wirksames Mittel gegen Magengeschwüre eingesetzt. Und sogar dem Krebs kann der Kohl zu Leibe rücken, wie moderne Studien belegen. Versuche mit Broccoli und anderen Kohlarten haben gezeigt, dass durch den Genuss von Kohl das Wachstum von Krebszellen eingedämmt sowie die Wirksamkeit einer Chemotherapie verbessert werden kann.

KULINARISCHER TREND SAUERKRAUT

Eine besondere Vitaminbombe ist das Sauerkraut. Was bei unseren Großmüttern regelmäßig am Teller war, kommt jetzt glücklicherweise langsam wieder kulinarisch in Mode. Bei der
Gärung von Weißkraut wird ein Großteil des im
Weißkohl enthaltenen Zuckers in Milchsäure
umgewandelt. Die Milchsäure ist nicht nur für
unseren Darm eine wahre Wohltat.

Sauerkraut- und andere Kohlrezepte vereinen Genuss und eine gesundheits-fördernde Wirkung.

Der Fermentationsprozess sorgt darüber hinaus für das schmackhaft säuerlich-salzige
Aroma, das gerade in der herzhaften Küche
einen besonderen Stellenwert hat. Abgesehen
von einem hohen Ballaststoffgehalt und den
darmpflegenden Milchsäurebakterien enthält
Sauerkraut außerdem die Vitamine A, B6, B12,
C, K sowie Folsäure, eine Reihe an Spurenele-
menten wie Kalium, Kalzium, Eisen, Zink und
Phosphor sowie bioaktive Pflanzenstoffe wie
Flavonoide und Glucosinolate. Ob als köstliche
Beilage oder als Hauptakteur in der vegetarischen Küche: Sauerkrautrezepte vereinen Genuss und gesundheitsfördernde Wirkung mit
einer langen Tradition.

MIT GEWÜRZEN UND KRÄUTERN BESSER VERTRÄGLICH

Die manchmal blähende Eigenschaft mancher
Kohlgewächse lässt sich abmildern, indem man
das Gemüse mit blähungshemmenden Gewürzen wie Kümmel, Fenchel, Ingwer, Bohnenkraut oder Gelbwurz und Curry zubereitet. Die
Gewürze verleihen dem Gericht dann oft auch
kulinarisch eine spannende und kreative Note.
In meinen Rezepten habe ich diese Gewürze
daher häufig gezielt mit eingebaut, damit dem
reichlichen und beschwerdefreien Genuss der
gesunden Kohlgewächse nichts im Wege steht.

Krautsuppe
mit Karpfen

FÜR 2 PORTIONEN

1 Zwiebel

2 Knoblauchzehen

1–2 Kartoffeln

3 EL Natives Olivenöl Extra

1 EL Paprikapulver (rosenscharf)

1 EL Tomatenmark

200 g Sauerkraut

500 ml Gemüsebrühe

1 TL gemahlener Kümmel

5 Wacholderbeeren

1 Lorbeerblatt

Salz

frisch gemahlener schwarzer Pfeffer

150 g Karpfenfilet

ZUBEREITUNG

Zwiebel und Knoblauch schälen und fein hacken. Die Kartoffeln schälen und in kleine Würfel schneiden.

Olivenöl in einem Topf erhitzen. Zwiebel und Knoblauch darin anschwitzen. Die Hitze reduzieren und das Paprikapulver unterrühren. Tomatenmark zufügen und kurz rösten. Danach das Sauerkraut zugeben. Gemüsebrühe angießen und Kümmel, Wacholderbeeren sowie Lorbeerblatt zugeben. Mit Salz und Pfeffer würzen. Die Kartoffeln zugeben und die Suppe 35–40 Min. bei geringer Hitze köcheln lassen.

Kurz vor Ende der Kochzeit den Karpfen in mundgerechte Stücke schneiden und in die Suppe geben. Den Fisch einige Minuten garen lassen und die Suppe heiß servieren.

Bunter Krauttopf

FÜR 2 PORTIONEN

1 kleiner Weißkrautkopf

1 rote Zwiebel

2 Knoblauchzehen

1 gelbe Paprika

1 Chilischote

2 Tomaten

2 EL Natives Olivenöl Extra

1 EL Suppenwürze (siehe S. 66)

1 TL gemahlener Kümmel

Salz

frisch gemahlener schwarzer Pfeffer

150 ml heißes Wasser

1 EL Dinkelvollkornmehl

3 EL Sauerrahm

ZUBEREITUNG

Das Weißkraut von den äußeren Blättern und vom Strunk befreien und in Streifen schneiden. Zwiebel und Knoblauch schälen und fein hacken. Paprika und Chili von Samen und Scheidewänden befreien. Paprika in Würfel schneiden, Chili fein hacken. Tomaten vom Stielansatz befreien und ebenfalls würfeln.

Olivenöl in einem Topf erhitzen. Zwiebel und Knoblauch darin andünsten. Weißkraut, Paprika und Chili zufügen und kurz rösten. Die Tomatenwürfel zugeben. Mit Suppenwürze, Kümmel, Salz und Pfeffer würzen. Heißes Wasser zugeben und das Gemüse bei geringer Hitze 15–20 Min. dünsten. Gegen Ende der Garzeit Dinkelmehl mit Sauerrahm vermengen und mit einem Schuss heißem Wasser sämig rühren. Die Mischung in den Krauttopf einrühren. Den Krauttopf mit Salz und Pfeffer abschmecken und heiß servieren.

Deftige Kartoffel-
rahmsuppe
mit Steinpilzen

FÜR 2 PORTIONEN

20 g getrocknete
oder 200 g frische Steinpilze

1 Zwiebel

2 Knoblauchzehen

2 große Kartoffeln

80 g Geselchtes oder magerer Speck

3 EL Pflanzenöl

½ TL gemahlener Kümmel

1 TL getrockneter Majoran

frisch gemahlener schwarzer Pfeffer

500 ml Gemüsebrühe

1 EL Dinkelvollkornmehl

4 EL Sauerrahm

Salz

ZUBEREITUNG

Die getrockneten Steinpilze in 200 ml lauwarmem Wasser einweichen. Die Zwiebel schälen und würfeln. Den Knoblauch schälen und fein hacken. Die Kartoffeln schälen und in mundgerechte Würfel schneiden. Geselchtes oder Speck in feine Streifen oder kleine Würfel schneiden.

Pflanzenöl in einem Topf erhitzen. Zwiebel und die Hälfte des Knoblauchs darin anschwitzen. Das Geselchte zufügen und kurz anrösten. Kartoffeln zugeben. Mit Kümmel, Majoran und Pfeffer würzen und mit Gemüsebrühe aufgießen. Die Pilze samt dem Einweichwasser zugeben und bei mittlerer Hitze 10 Min. weich köcheln lassen.

Mehl und Sauerrahm mit 100 ml der heißen Suppe glattrühren. Die Mischung gegen Ende der Garzeit mit einem Schneebesen in die Suppe rühren und die Suppe einige Minuten köcheln lassen. Den restlichen Knoblauch zufügen. Die Suppe mit Salz würzen und heiß servieren.

—— **TIPP**

Zu der Suppe passt getoastetes Schwarzbrot und dunkles Bier.

—— **VARIANTE**

Für eine vegetarische Suppe können Sie statt dem Geselchten ein Stück Räuchertofu verwenden.

Gute-Laune-Hühnersuppe nach Hildegard von Bingen

FÜR 6 PORTIONEN

1 Suppenhuhn

3 Karotten

1 Petersilienwurzel

½ Sellerieknolle

1 kleine Fenchelknolle

3 l kaltes Wasser

2 TL Ysop

1 TL Galgant

1 TL Bertram

1 TL Quendel

Salz

100 g Dinkelvollkornsuppennudeln

1 kleiner Bund Petersilie

ZUBEREITUNG

Das Huhn abspülen und trocken tupfen. Karotten, Petersilienwurzel und Sellerie schälen. Den Fenchel putzen und in mundgerechte Stücke schneiden.

Wasser in einen Suppentopf füllen und das Huhn, Gemüse, Petersilie, Gewürze und Salz zufügen. Das Wasser aufkochen, die Hitze reduzieren und die Suppe bei niedriger Temperatur 2–3 Std. kochen.

Das Fleisch von den Knochen lösen. Hühnerfleisch und Gemüse in mundgerechte Stücke schneiden. Die Dinkelnudeln nach Packungsanleitung kochen. Petersilie abbrausen, trocken tupfen und fein hacken. Die heiße Suppe mit Nudeln, Gemüse und Fleischstücken anrichten und mit Petersilie bestreut servieren.

—— **GUT ZU WISSEN**

Hildegard von Bingen lebte im 11. Jahrhundert. Die deutsche Äbtissin war eine ausgesprochene Ernährungsexpertin. Diese Hühnersuppe soll laut Hildegard dem, der sie genießt, gute Laune, Wärme und Gesundheit schenken. Die klassischen Hildegard-Gewürze Ysop, Galgant, Bertram und Quendel erhalten Sie in der Apotheke, in gut sortierten Kräuterhandlungen oder über das Internet.

Waldviertler Stosuppe mit gekochten Kartoffeln

FÜR 4 PORTIONEN

500 g Kartoffeln

1 l Wasser

1 EL Kümmelsamen

250 ml Buttermilch

250 g Sauerrahm

250 ml Obers

2–3 EL Dinkelmehl

Salz

frisch gemahlener schwarzer Pfeffer

ZUBEREITUNG

Die Kartoffeln mit Schale in einem Topf mit Salzwasser weich kochen und abgießen.

In der Zwischenzeit in einem zweiten Topf 1 l Wasser mit dem Kümmel aufkochen. Buttermilch, Sauerrahm und Obers in einer Schüssel mit 2–3 EL Mehl (je nachdem ob die Suppe etwas dicker oder dünner sein soll) verquirlen. Die Rahm-Mehl-Mischung schöpflöffelweise in das kochende Kümmelwasser geben und mit einem Schneebesen kräftig unterrühren, damit nichts gerinnt und sich keine Bröckerl bilden. Sobald die Rahm-Mehl-Mischung eingerührt ist, die Suppe langsam erhitzen und kräftig mit Salz und Pfeffer würzen. Die Kartoffeln schälen und in der heißen Rahmsuppe servieren.

—— **GUT ZU WISSEN**

Das Rezept für diese gehaltvolle vegetarische Suppe stammt von meiner Großmutter aus dem österreichischen Waldviertel. Die Suppe wird traditionell an Fasttagen wie dem Karfreitag gegessen sowie am Heiligen Abend zu Mittag serviert.

Winterliche weiße Wurzelcremesuppe

FÜR 4 PORTIONEN

1 weiße Zwiebel

½ Sellerieknolle

1 Petersilienwurzel

1 mittelgroße mehligkochende Kartoffel

3 EL Natives Olivenöl Extra

500 ml Gemüsebrühe

200 ml Obers

2 EL Sesamöl

1 Prise frisch geriebene Muskatnuss

frisch gemahlener weißer Pfeffer

Salz

etwas Limettensaft

1 EL Gomasio oder weiße Sesamsamen

ZUBEREITUNG

Das Gemüse schälen und grob zerkleinern. Olivenöl in einem Topf erhitzen und die Zwiebel darin anschwitzen. Das restliche Gemüse zufügen und kurz rösten. Die Gemüsebrühe angießen und 15 Min. köcheln lassen, bis das Gemüse weich ist. Obers und Sesamöl zufügen und die Suppe mit dem Stabmixer pürieren. Mit Muskat, weißem Pfeffer, Salz und etwas Limettensaft würzen. Mit Gomasio bestreuen und heiß servieren.

—— GUT ZU WISSEN

Gomasio sind geröstete, geschrotete weiße Sesamsamen mit Salz. Dieses feinnussige Würzmittel ist in Reformhäusern erhältlich oder einfach selbst zu machen. Dazu Sesamsamen und grobes Salz in der Pfanne ohne Fett rösten und anschließend im Mörser oder der Küchenmaschine zu aromatischem Sesamsalz mahlen.

Kürbiscremesuppe mit Chili, Safran und Kurkuma

FÜR 4 PORTIONEN

1 Zwiebel

1 gelbe Chilischote

1 kleiner Hokkaido- oder Butternusskürbis

1–2 mehligkochende Kartoffeln

3 EL Natives Olivenöl Extra

600 ml Gemüsebrühe

10 Safranfäden

1 TL gemahlene Kurkuma

1 EL Weißweinessig

1 TL Dijonsenf

125 ml Obers

Salz

frisch gemahlener schwarzer Pfeffer

ZUBEREITUNG

Die Zwiebel schälen und grob zerkleinern. Die Chilischote von Samen und Scheidewänden befreien und klein schneiden. Den Kürbis schälen und von den Samen befreien. Kartoffeln schälen. Kürbis und Kartoffeln in grobe Würfel schneiden.

Olivenöl in einem Topf erhitzen. Zwiebel und Chili darin kurz rösten. Kürbis- und Kartoffelwürfel zufügen und anschwitzen. Die Gemüsebrühe angießen. Safranfäden und Kurkuma zugeben. Die Suppe 15 Min. kochen, bis das Gemüse weich ist, und anschließend mit dem Stabmixer pürieren. Essig, Senf und Obers unterrühren und die Suppe mit dem Stabmixer nochmals kurz aufschäumen. Mit Salz und Pfeffer würzen.

Bekömmliche Zubereitungsmethoden: Dämpfen und langes Kochen

Nicht nur die Auswahl einzelner Lebensmittel macht unser Essen bekömmlich, sondern auch deren Zubereitungsmethode. Die gleiche Zutat kann auf verschiedene Art zubereitet nicht nur unterschiedlich schmecken, sondern auch unterschiedlich in unserem Organismus wirken. Zu meinen Lieblingszubereitungsarten zählen das Dämpfen und das lange Kochen.

DIE LANGE TRADITION DES DAMPFGARENS

Die Zubereitung von Speisen im Dampftopf hat vor allem in Asien eine lange Tradition. Seit etwa 200 v. Chr. werden dort Lebensmittel über Wasserdampf gegart. In China ist diese Zubereitungsmethode sogar Bestandteil der medizinischen Lehre. Nach der traditionellen chinesischen Heilkunde gelten gedämpfte Speisen als Möglichkeit, dem Körper Gesundheit und Genuss gleichzeitig zuzuführen. Über Japan und Indien kam die Methode des Dampfgarens schließlich auch nach Europa. Aber auch in unseren Breiten hat der Einsatz vom Dampf in der Küche eine lange Tradition. Beim Brotbacken etwa schoben Hausfrauen und Bäckerinnen vergangener Jahrhunderte stets eine Schale mit Wasser in den Backofen, damit das Brot saftig und locker und die Kruste glänzend und knusprig wird.

SCHONEND, GESUND UND GESCHMACKVOLL

Warum ist das Dämpfen von Lebensmitteln so gesund? Beim Dämpfen werden Lebensmittel äußerst schonend gegart. So bleiben Vitamine, Mineralstoffe und Spurenelemente, aber auch Farb- und Geschmacksstoffe im Gargut und daher für eine gesunde Ernährung erhalten. Im Gegensatz dazu werden beim herkömmlichen Kochen in heißem Wasser häufig viele wertvolle Bestandteile, vor allem die wasserlöslichen Nährstoffe, aus den Nahrungsmitteln herausgelöst und landen anschließend mit dem Kochwasser im Ausguss.

Gedämpfte Lebensmittel sind darüber hinaus gesund, weil für die Zubereitung über Dampf kein Fett erforderlich ist. Beim Dämpfen kann nichts anbrennen, sofern ausreichend Wasser verwendet wird. Und auch die Zugabe von Salz kann reduziert werden, da das Dämpfen den natürlichen Eigengeschmack von Fleisch, Fisch und Gemüse verstärkt. Dampfgegarte Speisen können daher den klassischen und oft ernährungsbedingten Zivilisationskrankheiten wie Übergewicht, erhöhter Cholesterinspiegel oder Bluthochdruck entgegenwirken. Gedämpfte Speisen sind zudem leichter zu verdauen und im Allgemeinen sehr bekömmlich.

DÄMPFEN ALS AUSGLEICH
FÜR EINEN HITZIGEN LEBENSWANDEL

Die traditionelle chinesische Heilkunst kennt noch ein weiteres Argument für das Dämpfen. Ein „hitziger Lebenswandel", der von Stress, Termindruck und wenig Schlaf geprägt ist, führt nach dem Verständnis der chinesischen Medizin häufig zu körperlichen Hitze- oder Trockenheitssymptomen. Dazu zählen vorzeitiges Altern, schlaffe oder trockene Haut, trockene und rote Augen, Hitzewallungen, aber auch Gereiztheit, Unruhezustände, Schlafstörungen bis hin zum Burnout. Mit einer Garmethode, bei der Lebensmittel saftig bleiben, kann nach der traditionellen chinesischen Gesundheitslehre unserem Körper die fehlende Flüssigkeit wieder zugeführt werden. Das Auffüllen dieser „Säfte" erhöht unsere Leistungsfähigkeit und bringt unsere hochkomplexen Körperfunktionen wieder ins Gleichgewicht.

Aus all diesen Gründen ist das Dampfgaren aus meiner Küche nicht wegzudenken. Mit dieser Garmethode lassen sich aus Obst, Gemüse, Kartoffeln, aber auch aus Fisch, Geflügel oder Fleisch sowohl kulinarisch als auch gesundheitlich wertvolle Gerichte zubereiten. Ob mit Dampfeinsätzen im Kochtopf, einem stapelbaren Dampfgargerät oder teuren Einbaugeräten – Dämpfen kann man auf vielerlei Weise.

LANGES KOCHEN –
VOR ALLEM IN DER KALTEN JAHRESZEIT

Neben dem Dämpfen hat es mir das lange Kochen besonders angetan. Sogenannte „Kraftsuppen", Getreidebreie, bunte Eintöpfe oder saftig-fruchtige Kompotte gehören zu meinen absoluten Lieblingsspeisen. Die Auseinandersetzung mit traditionellen und ganzheitlichen Ernährungsempfehlungen hat mir vor einigen Jahren in Erinnerung gerufen, was heutzutage oft in Vergessenheit geraten ist, aber lange auch bei uns in der Alltagsküche selbstverständlich war: In Omas Küche stand früher nicht selten über Stunden, manchmal auch Tage eine Sup-

> ## Suppen, die lang gekocht wurden, sind in der kalten Jahreszeit wohltuende Wärme- und Energiespender.

pe am Herd, die leise und stetig vor sich hin köchelte. Allerhand „Küchenabfälle" wie Gemüseschalen, Fleischknochen und dergleichen wanderten nach und nach in den Topf.

Auf diese Weise zubereitete Suppen haben einen besonderen Gesundheitswert – und wer schon mal eine richtige Consommé oder Omas Rinderkraftsuppe mit Markknochen gekostet hat, weiß, dass sie nicht nur gesund sind, sondern auch umwerfend schmecken. Vor allem in der kalten Jahreszeit sind diese Gerichte wohltuende Wärme- und Energiespender, auf die ich nicht verzichten möchte.

Auch das Einkochen von Obst und Gemüse, wie es in Großmutters Küche üblich war, ist eine besonders schonende und gesunde Methode, die Schätze des Sommers aus dem Garten oder vom Wochenmarkt zuzubereiten, damit wir sie in der kargeren Winterzeit genießen können. Im Dampfgarer oder im Backrohr im Wasserbad können wir Kompotte, Obst und Gemüse einkochen und so für Monate ganz ohne künstliche Konservierungsmittel haltbar machen.

63

Omas Rinderkraftsuppe mit Markknochen

FÜR 8–10 PORTIONEN

2 Petersilienwurzeln

¼ Sellerieknolle

2 Karotten

2 Gelbe Rüben

1 kleiner Bund Petersilie

3 l kaltes Wasser

1 kg Suppenrindfleisch

500 g Rinderknochen

500 g Markknochen vom Rind

1 große Zwiebel

1 EL Natives Olivenöl Extra

1 Lorbeerblatt

3 Wacholderbeeren

4 Pfefferkörner

Salz

1 Bund Schnittlauch

ZUBEREITUNG

Petersilienwurzel, Sellerie, Karotten und Gelbe Rüben putzen. Den Sellerie in Scheiben schneiden. Die Petersilie abbrausen und trocken tupfen.

Das Wasser mit den Knochen und dem Fleisch in einem großen Topf aufkochen. Den Schaum abschöpfen. In der Zwischenzeit die Zwiebel vierteln und samt Schale in einer Pfanne mit Olivenöl anrösten, sodass eine süßliche Note entsteht. Die geröstete Zwiebel, das Suppengemüse, die Petersilie sowie die Gewürze zugeben. Die Suppe bei geringer Hitze 2–4 Std. kochen.

Die Suppe abseihen. Den Schnittlauch abbrausen, trocken tupfen, in feine Röllchen schneiden und die Rinderkraftsuppe damit bestreuen.

—— **TIPP**

Als Einlage kann frisches Gemüse gekocht oder ein Teil des Suppenfleischs verwendet werden. Dieses nach 2 Std. Kochzeit herausnehmen, in Würfel schneiden und bis zum Servieren beiseite stellen. Das nahrhafte Knochenmark schmeckt als Vorspeise auf getoastetem Roggenbrot.

Selbst gemachte Suppenwürze

„Suppenwürfel" oder „Suppenpulver" gibt es in meiner Küche schon längst nicht mehr. Zum einen, weil es so einfach ist, Suppenwürze zuzubereiten, zum anderen, damit ich weiß, was drinnen ist. Denn selbst teure Bio-Produkte enthalten oft Zutaten, die ich nicht in meiner gartenfrischen Gemüsesuppe haben möchte. Das einfache Rezept für meine Suppenwürze können Sie je nach Saison und Geschmacksvorlieben abwandeln.

Grundrezept Suppenwürze

½ Sellerieknolle

2 Petersilienwurzeln

7 Karotten

2 Gelbe Rüben

2 Selleriestangen

1 Bund Petersilie

1 Bund Schnittlauch

1 kleiner Bund Liebstöckel

1 kleine Stange Lauch

2 Frühlingszwiebeln

grobes Steinsalz (ca. 50 g auf 500 g Gemüse)

ZUBEREITUNG

Das Gemüse putzen, gegebenenfalls schälen und grob zerkleinern. Die Kräuter abbrausen und trocken tupfen. Gemüse und Kräuter in der Küchenmaschine mit dem Salz zerkleinern oder durch den Fleischwolf drehen. Die Mischung in sterilisierte Schraubgläser füllen. Die Gläser verschließen und kühl und dunkel lagern.

—— **TIPP**

Die Suppenwürze ist für Suppen, Soßen und Dressings geeignet. Wegen des hohen Salzanteils ist sie mind. 6 Monate haltbar. Verwenden Sie sie sparsam, damit Sie Ihre Suppe nicht versalzen.

Suppenwürze auf mediterrane Art

1 Zwiebel

1 Knoblauchzehe

150 g Stangensellerie

150 g Karotten

100 g Fenchel

1 sonnengereifte Tomate

50 g Champignons oder Steinpilze

1 Handvoll mediterrane Kräuter
(z. B. Rosmarin, Basilikum, Salbei, Thymian)

1 kleiner Bund Petersilie

3 EL Natives Olivenöl Extra

1 Lorbeerblatt

40 g geriebener Parmesan

100 g grobes Salz

frisch gemahlener schwarzer Pfeffer

ZUBEREITUNG

Das Gemüse putzen, Zwiebel, Knoblauch und Karotten schälen, die Tomate vom Stielansatz befreien, die Pilze putzen, mit einem Geschirrtuch abreiben. Das Gemüse in grobe Stücke schneiden. Die Kräuter abbrausen und trocken tupfen. Die Blättchen abzupfen.

Olivenöl in einem Topf erhitzen und darin Zwiebel, Knoblauch, Sellerie, Karotte, Fenchel und Pilze anschwitzen. Tomate zufügen und mitrösten. Die Kräuter und das Lorbeerblatt untermengen. Den Topfinhalt in die Küchenmaschine geben und mit Salz, Pfeffer und Parmesan zu einer Paste zerkleinern. Die Paste in ein sterilisiertes Glas füllen und kühl und dunkel lagern.

—— TIPP

Um die Suppenwürze variieren zu können, empfehle ich, mindestens zwei Variationen zuzubereiten. So können Sie immer mal abwechseln und die jeweils passende Würze aussuchen. Die mediterrane Würze passt gut zu Suppen und Eintöpfen, denen Sie ein mediterranes Flair geben möchten.

Fisch, Fleisch & Geflügel

Forelle mit Kräutern und Butter

FÜR 2 PORTIONEN

4 Knoblauchzehen

1 Bund frische Kräuter
(z. B. Petersilie, Salbei, Basilikum, Thymian)

1 Bio-Zitrone

2 küchenfertige Forellen

100 g Butter

Salz

frisch gemahlener schwarzer Pfeffer

ZUBEREITUNG

Den Knoblauch schälen und in dünne Scheiben schneiden. Die Kräuter abbrausen und trocken tupfen, die Blättchen abzupfen. Die Zitrone in Scheiben schneiden.

Den Backofen auf 180 °C vorheizen. Die Forellen abspülen, trocken tupfen, mit Knoblauch, Kräutern, Zitronenscheiben und Butterstückchen füllen und mit Salz und Pfeffer würzen. Die Forellen in einen Bräter legen und einige Butterstückchen daraufsetzen. Mit Salz und Pfeffer würzen. Die Forellen je nach Größe 20–30 Min. im Backofen garen. Wenn die Augen weiß sind und die Haut braun wird, sind die Forellen fertig.

—— **TIPP**

Zu den Forellen passen Petersilienkartoffeln und Salat.

Hackfleisch-Laibchen mit Buchweizen

FÜR 2 PORTIONEN

100 g Buchweizen

1 Zwiebel

1 Knoblauchzehe

½ Bund Petersilie

200 g Rinderhackfleisch, alternativ Geflügelhackfleisch

2 Eier

20 g Dinkelmehl

Salz

frisch gemahlener schwarzer Pfeffer

Natives Olivenöl Extra

ZUBEREITUNG

Den Buchweizen in einem Topf mit 200 ml Wasser weich dünsten. In der Zwischenzeit Zwiebel und Knoblauch schälen und fein hacken. Die Petersilie abbrausen, trocken tupfen, die Blättchen abzupfen und fein hacken.

Den Backofen auf 180 °C vorheizen. Den gedämpften Buchweizen mit Zwiebel, Knoblauch, Hackfleisch, Eiern und Dinkelmehl verrühren. Mit Salz und Pfeffer würzen. Aus der Masse Laibchen formen. Die Laibchen mit etwas Olivenöl beträufeln, auf ein mit Backpapier ausgelegtes Backblech setzen und 25–30 Min. goldbraun backen.

Fischfilet auf Saltimbocca-Art

FÜR 4 PORTIONEN

4 Fischfilets

Salz

frisch gemahlener schwarzer Pfeffer

16 mittelgroße Salbeiblätter

100 g dünn geschnittener Rohschinken

3 EL Natives Olivenöl Extra

ZUBEREITUNG

Die Fischfilets abspülen, trocken tupfen und jeweils in 4 Stücke schneiden. Die Fischstücke mit Salz und Pfeffer würzen, jeweils mit einem Salbeiblatt belegen und mit einer Scheibe Schinken umwickeln.

Olivenöl in einer Pfanne erhitzen und die Fischfiletstücke bei mittlerer Hitze darin braten, bis der Speck braun und knusprig ist.

—— **GUT ZU WISSEN**

Diese Zubereitungsmethode nimmt Anleihen bei der Hausmannskost unserer italienischen Nachbarn. Dort wird üblicherweise Kalbsschnitzelfleisch auf diese Art zubereitet. Ich mag die am ersten Blick unübliche Kombination von Fisch und Speck sehr gerne, und der aromatische und heilkräftige Salbei gehört in meiner Küche wie auch im Garten zur „Grundausstattung" wie Salz und Pfeffer.

Gedämpfte Saiblingsröllchen mit Kräutern

FÜR 2 PORTIONEN

4 kleine Saiblingsfilets

Salz

frisch gemahlener schwarzer Pfeffer

1 Zitrone

1 Bund frische Kräuter

4 lange Schnittlauchstängel

AUSSERDEM

Dämpfeinsatz oder Dampfgarer

ZUBEREITUNG

Die Saiblingsfilets abspülen, trocken tupfen, mit Salz und Pfeffer würzen und mit Zitronensaft beträufeln. Die Kräuter abbrausen, trocken tupfen und hacken.

Die Filets mit den gehackten Kräutern füllen und zusammenrollen. Die Rollen jeweils mit einem Schnittlauchstängel zusammenbinden. Im Topf mit Dämpfeinsatz oder im Dampfgarer bei ca. 90 °C 7 Min. dämpfen.

—— **TIPP**

Dazu passt der bunte Belugalinsen-Salat (siehe S. 10)

Wie gelingt nachhaltiger Fischkonsum?

Fisch ist gesund und sollte daher mindestens zweimal wöchentlich auf dem Speiseplan stehen, heißt es. Gleichzeitig gibt es aber auch zahlreiche Warnungen vor Fischkonsum – vor allem aus ökologischen Gründen. Wie können wir dieses Dilemma lösen?

Unsere Meere sind drastisch überfischt, und viele Fischarten sind vom Aussterben bedroht. Zusätzlich bescherte die Nuklearkatastrophe von Fukushima 2011 der Welt verstrahlte Fische von Asien bis in die USA und nach Kanada. Wie kann man sich einen Überblick bewahren, welche Meeresfische aus ökologischer und gesundheitlicher Sicht noch mit gutem Gewissen genießbar sind?

GÜTESIEGEL JA, ABER …

Umweltschutzorganisationen geben regelmäßig Einkaufsratgeber für Fisch heraus, die ein wenig helfen. Darüber hinaus soll eine Reihe von Gütesiegeln uns Konsumenten und Konsumentinnen die Wahl von nachhaltigem Fisch beim Einkaufen erleichtern. Dazu zählen das ASC-Siegel für gezüchteten Fisch des Aquaculture Stewardship Council (ASC) oder das MSC-Siegel für nachhaltige Fischerei des Marine Stewardship Council (MSC), aber auch Bio- und andere Gütesiegel. Im aktuellen Bericht über Umwelt-Gütesiegel stellt die Umweltschutzorganisation Greenpeace jedoch ganz deutlich fest: „Unsere Meere sind überfischt. Die einzige wirklich nachhaltige Konsumentscheidung ist der Verzicht auf den Kauf von Meeresfisch. Wer auf Fisch im Allgemeinen nicht verzichten

> Wer auf Fisch nicht verzichten will, sollte Biofisch aus heimischen Teichen essen.

will, dem empfiehlt Greenpeace Biofisch aus österreichischen Teichen."

BIOFISCH AUS HEIMISCHEN TEICHEN

Ich habe mich bei meinen Fischrezepten an diese Empfehlung gehalten und verarbeite ausschließlich Köstlichkeiten wie Karpfen, Forelle, Saibling, Wels oder Hecht – vorrangig in Bio-Qualität und allesamt aus heimischen Gewässern.

Geschmortes Rinderragout mit Schwarzbier und Dörrzwetschken

FÜR 4 PORTIONEN

2 Zwiebeln

4 Knoblauchzehen

50 g Bauchspeck

100 g Dörrzwetschken

750 g Rindfleisch zum Schmoren
(Fehlrippe, Hinteres Ausgelöstes)

Salz

frisch gemahlener schwarzer Pfeffer

1 EL Dijonsenf

4 EL Dinkelvollkornmehl

3 EL Natives Olivenöl Extra

200 ml Schwarzbier

200 ml Rinderbrühe oder Gemüsebrühe

200 ml kräftiger Rotwein

2 Lorbeerblätter

1 EL Kräuter der Provence

1 Bund Petersilie

ZUBEREITUNG

Zwiebel und Knoblauch schälen und fein hacken. Den Speck in kleine Würfel schneiden, die Dörrzwetschken in Streifen schneiden. Das Fleisch abspülen, trocken tupfen, putzen und in 3–4 cm große Würfel schneiden. Die Würfel mit Salz und Pfeffer würzen, mit Senf einstreichen und in Dinkelvollkornmehl wenden.

Den Backofen auf 140 °C vorheizen. Olivenöl in einer Pfanne erhitzen und Speck, Zwiebeln und Knoblauch darin glasig anschwitzen. Die Zutaten aus der Pfanne nehmen und beiseite stellen. Erneut etwas Öl in der Pfanne erhitzen und darin die Fleischwürfel anbraten. Schwarzbier, Brühe und Rotwein angießen und aufkochen.

Den Pfanneninhalt sowie die Zwiebel-Speck-Mischung in einen Bräter geben. Dörrzwetschken, Lorbeerblätter und Kräuter der Provence zufügen. Den Deckel auflegen und das Fleisch im Backofen 2 Std. weich schmoren. Die Temperatur auf 80 °C reduzieren und das Ragout weitere 30 Min. schmoren. Vor dem Servieren mind. 15 Min. ruhen lassen.

Die Petersilie abbrausen, trocken tupfen, hacken und unter das Ragout mengen. Das Ragout zum Schluss mit Salz und Pfeffer abschmecken und servieren.

—— **TIPP**

Zu dem Ragout passen Kartoffel-
püree-Variationen (siehe S. 128) oder
ein herbstlicher Kartoffelauflauf (siehe
S. 113).

Herbstlich gefülltes Brathuhn

FÜR 4 PORTIONEN

1 Huhn

1 EL Paprikapulver (edelsüß)

Salz

frisch gemahlener schwarzer Pfeffer

1 Zwiebel

1 kleiner Bund Petersilie

4 Dörrzwetschken

1 Hühnerleber

100 g Dinkel-Semmelwürfel

100 ml Milch

1 Ei

3 EL Butter

100 g gegarte Maroni

ZUBEREITUNG

Das Huhn abspülen, trocken tupfen und mit Paprikapulver, Salz und Pfeffer innen und außen würzen. Die Zwiebel schälen und fein hacken. Die Petersilie abbrausen, trocken tupfen, die Blättchen abzupfen und fein hacken. Die Dörrzwetschken in Streifen schneiden. Die Leber von Sehnen befreien und in dünne Streifen schneiden.

Für die Füllung die Semmelwürfel in einer Schüssel mit Milch übergießen und das Ei unterrühren. Die Zwiebel in einer Pfanne in 1 EL Butter anschwitzen. Die Petersilie unterrühren. Die Zwiebel-Mischung mit den Semmelwürfeln verrühren. Die Maroni etwas zerkleinern. Maroni und Leber in die Füllung einarbeiten. Die Masse gut durchrühren oder mit den Händen kneten.

Den Backofen auf 180 °C vorheizen. Das Huhn mit der Semmel-Masse füllen und zunähen oder mit Spicknadeln verschließen. Das Huhn in einen Bräter setzen, mit der restlichen Butter in Flocken belegen und ca. 90 Min. knusprig braten, dabei regelmäßig mit dem eigenen Saft bepinseln. Das fertige Brathuhn tranchieren, kurz ruhen lassen und mit der Füllung servieren.

—— TIPPS

Wenn nach dem Füllen des Huhns Semmel-Masse übrig bleibt, können Sie die Reste ca. 30 Min. vor Ende der Garzeit zum Huhn in den Bräter geben und mitbraten. Zu dem Brathuhn passen Kürbis, Rotkraut oder ein knackiger Blattsalat.

Feuriges Chili vom Reh

FÜR 4–6 PORTIONEN

300 g Rehschulter

2 Zwiebeln

4 Knoblauchzehen

1 Chilischote

3 EL Natives Olivenöl Extra

2 EL Paprikapulver (rosenscharf)

2 TL gemahlener Kümmel

1 TL gemahlener Kreuzkümmel

2 EL Tomatenmark

250 ml Rinderbrühe, Gemüsebrühe oder Wasser

150 ml kräftiger trockener Rotwein

1 Lorbeerblatt

1 TL getrockneter Majoran

200 g Mais (Dose oder Glas)

200 g rote Kidneybohnen (Dose oder Glas)

Salz

frisch gemahlener schwarzer Pfeffer

ZUBEREITUNG

Das Fleisch abspülen, trocken tupfen, putzen und in Würfel schneiden. Zwiebeln und Knoblauch schälen und fein hacken. Die Chilischote von Samen befreien und fein hacken.

Olivenöl in einem Topf erhitzen. Zwiebel, Knoblauch und Chili darin leicht anrösten. Die Fleischwürfel zugeben und alle Zutaten rösten, bis sie etwas gebräunt sind. Paprikapulver zugeben und mitrösten, danach Kümmel, Kreuzkümmel und Tomatenmark untermengen. Mit Brühe oder Wasser und Rotwein aufgießen. Lorbeerblatt und Majoran zugeben und das Fleisch bei geringer Hitze ca. 90 Min. weich dünsten. Kurz vor Ende der Garzeit Mais und Kidneybohnen zufügen und das Chili mit Salz und Pfeffer würzen.

Wels in Safran-Obers-Soße

FÜR 4 PORTIONEN

4–8 Stücke vom Welsfilet

10–15 Safranfäden

100 ml Weißwein

3 EL Natives Olivenöl Extra

200 ml Obers

etwas Bio-Zitronenabrieb

frisch gemahlener bunter Pfeffer

Salz

ZUBEREITUNG

Den Fisch abspülen, trocken tupfen und mit Salz und Pfeffer würzen. Die Safranfäden in Weißwein einlegen, bis der Wein eine satte Färbung bekommt.

Olivenöl in einer Pfanne erhitzen und die Welsfilets darin anbraten. Die Safran-Wein-Mischung und das Obers angießen und die Soße bei geringer Hitze sämig reduzieren lassen. Mit Salz, Pfeffer und etwas Bio-Zitronenabrieb würzen.

Dazu passt Dinkelweißbrot, Reis oder Kartoffeln.

Welsfilet in Gewürzpanade

FÜR 2 PORTIONEN

400 g Welsfilet

Salz

frisch gemahlener bunter Pfeffer

2 EL Dinkelmehl

1 TL getrockneter Thymian

1 TL gemahlene Bockshornkleesamen

hochwertiges Pflanzenöl zum Braten

½ Zitrone

ZUBEREITUNG

Das Welsfilet abspülen, trocken tupfen, in Portionsstücke schneiden und mit Salz und Pfeffer würzen. Das Dinkelmehl mit den Gewürzen vermischen und die Fischstücke darin wenden. Öl in einer Pfanne erhitzen und die Fischstücke darin goldbraun braten. Mit Zitronenscheiben servieren.

Hecht in Pfeffer-Zitronen-Soße

FÜR 2 PORTIONEN

2 Hechtfilets

Salz

frisch gemahlener schwarzer Pfeffer

3 EL Natives Olivenöl Extra

200 ml Obers

Abrieb und Saft von 1 Bio-Zitrone

1–2 TL eingelegter grüner Pfeffer

ZUBEREITUNG

Die Hechtfilets abspülen, trocken tupfen, mit Salz und Pfeffer würzen und in einer Pfanne in heißem Olivenöl kurz anbraten. Den Fisch aus der Pfanne nehmen und den Bratensatz mit Obers aufgießen. Zitronenabrieb, etwas Zitronensaft sowie grünen Pfeffer zufügen und die Soße mit Salz würzen. Die Soße bei geringer Hitze kochen, bis sie eindickt. Die Fischfilets hineinlegen und die Pfanne vom Herd nehmen. Dazu passen Reis oder Kartoffeln.

—— **TIPP**

Experimentieren Sie mit verschiedenen Pfeffersorten. Sie verleihen einfachen Gerichten schnell eine ganz besondere kulinarische Note. Ich verwende für dieses Gericht manchmal Andaliman-Zitronenpfeffer aus Indonesien, der botanisch eigentlich kein Pfeffer ist, sondern mit den Zitruspflanzen verwandt ist. Das Rezept schmeckt aber auch mit buntem oder klassischem schwarzem Pfeffer aus der Mühle.

FRISCHE KRÄUTER erfreuen nicht nur meine
Nase und meinen Gaumen.
Wenn ich sie in meinem Garten ernte,
fühlt es sich an, als ob die NATUR meine SEELE
zärtlich und leidenschaftlich KÜSSEN würde.

Pilz-Ragout mit Putenfleisch

FÜR 4 PORTIONEN

1 kg gemischte Pilze
(z. B. Champignons, Steinpilze, Pfifferlinge, Seitlinge)

150 g Putenbrust

1 große oder 2 kleine weiße Zwiebeln

1 Bund Petersilie

3 EL Natives Olivenöl Extra

100 ml trockener Weißwein

200 ml Obers

Abrieb von 1 Bio-Zitrone

Salz

frisch gemahlener schwarzer Pfeffer

ZUBEREITUNG

Die Pilze putzen und mit einem Geschirrtuch abreiben. Das Putenfleisch abspülen und trocken tupfen. Pilze und Putenfleisch in mundgerechte Stücke schneiden. Zwiebel schälen und fein hacken. Die Petersilie abbrausen, trocken tupfen und fein hacken.

Olivenöl in einer Pfanne erhitzen und die Zwiebel darin anrösten. Die Pilze zufügen und so lange braten, bis das austretende Wasser verdampft ist. Das Putenfleisch zufügen und kurz mitbraten. Weißwein angießen und kurz aufkochen, danach das Obers angießen. Die Flüssigkeit zu einer sämigen Soße reduzieren. Zitronenabrieb zufügen. Mit Salz und Pfeffer würzen. Zum Schluss die Petersilie unter das Ragout rühren.

—— TIPP

Zu dem Ragout passen Reis, Dinkelreis oder Knödel und ein knackiger Blattsalat.

Schweinefilet mit Salbei und Mangalica-Speck

FÜR 2 PORTIONEN

350 g Schweinefilet

Salz

frisch gemahlener schwarzer Pfeffer

etwas Bio-Zitronenabrieb

1 Bund frischer Salbei

150 g Mangalica-Speck

ZUBEREITUNG

Das Schweinefilet abspülen, trocken tupfen und in Scheiben schneiden. Die Scheiben mit Salz, Pfeffer und etwas Zitronenabrieb würzen. Den Salbei abbrausen, trocken tupfen und die Blättchen abzupfen. Jede Filetscheibe mit einem Salbeiblatt belegen und mit Mangalica-Speck umwickeln.

Die Fleischscheiben in einer heißen Pfanne unter mehrmaligem Wenden braten, bis der Speck gebräunt und das Fleisch gar ist.

—— **TIPP**

Dazu passt Risotto oder ein Gemüsepüree.

Hühnerbrust im Kürbiskern-Pfeffer-Mantel auf Blattsalat

FÜR 4 PORTIONEN

4 EL Kürbiskerne

frisch gemahlener schwarzer Pfeffer

Salz

400 g bunter Frühlingsblattsalat
(z. B. mit Bärlauch und jungen Brennnessel-
blättern)

4 Hühnerbrustfilets

250 g Zuckererbsenschoten

Kürbiskernöl

Balsamicoessig

AUSSERDEM

Dämpfeinsatz oder Dampfgarer

ZUBEREITUNG

3 EL Kürbiskerne in der Küchenmaschine zerkleinern und mit Pfeffer und Salz vermischen,
sodass eine würzige Panade entsteht. Den Blattsalat putzen, in mundgerechte Stücke schneiden
und auf einem flachen Teller auflegen. Mit Salz
und Pfeffer würzen.

Die Hühnerbrustfilets abspülen, trocken tupfen und im Dampfgarer oder in einem Topf mit
Dämpfeinsatz bei 100 °C 10 Min. garen. Wäh-
rend der letzten 3 Min. die Zuckererbsenschoten
zum Huhn geben und mitdämpfen.

Die gedämpften Hühnerbrustfilets in der Kür-
biskern-Panade wenden und die Panade etwas
andrücken. Die Filets in schräge Scheiben aufschneiden. Die Zuckererbsenschoten und die
Hühnerbruststücke auf dem Blattsalat drapieren
und mit Kürbiskernöl und Balsamicoessig beträufeln. Den Salat mit den restlichen Kürbis-
kernen bestreuen und servieren.

Rehrücken mit Niedrigtemperatur rosa gebraten

FÜR 2 PORTIONEN

FÜR DEN REHRÜCKEN

400 g Rehrücken, entbeint

Salz

frisch gemahlener schwarzer Pfeffer

½ TL Wacholderbeeren

½ TL Pimentkörner

½ TL getrockneter Thymian

½ TL getrocknete Orangenschale

Pflanzenöl

FÜR DIE SOSSE

1 rote Zwiebel

Saft von ½ Orange

150 ml kräftiger trockener Rotwein

1 EL Preiselbeermarmelade

1 TL Rohkakaopulver

100 ml Obers

1 EL Butter

ZUBEREITUNG

Den Rehrücken einige Stunden vor dem Verarbeiten aus dem Kühlschrank nehmen und Zimmertemperatur annehmen lassen. Anschließend abspülen, trocken tupfen und mit Salz und Pfeffer würzen. Wacholderbeeren, Pimentkörner, Thymian und getrocknete Orangenschale im Mörser oder der Küchenmaschine zu einer Gewürzmischung zerkleinern und den Rehrücken damit kräftig einreiben.

Den Backofen auf 100 °C vorheizen. Etwas Öl in einer Pfanne erhitzen und den Rehrücken darin rasch von allen Seiten scharf anbraten. Den Rehrücken in eine feuerfeste Form legen; die Pfanne beiseite stellen, aber nicht auswaschen. Den Rehrücken im Backofen 50 Min. garen, anschließend aus dem Ofen nehmen in Alufolie wickeln und 5–10 Min. ruhen lassen.

In der Zwischenzeit für die Soße die Zwiebel schälen und fein hacken. In der Pfanne mit dem Bratensatz etwas Öl erhitzen. Die Zwiebel darin anrösten. Mit Orangensaft und Rotwein ablöschen, Preiselbeermarmelade und Rohkakao einrühren und reduzieren. Den ausgetretenen Fleischsaft aus dem Bräter ebenfalls zur Soße geben. Obers und Butter einrühren und die Soße mit Salz und Pfeffer würzen. Den rosa gegarten Rehrücken in schräge Scheiben aufschneiden und mit der Soße überziehen.

—— **TIPP**

Dazu passt Rosenkohl (siehe S. 122)
oder Kartoffelpüree mit Kürbis oder
Sellerie (siehe S. 129 und 130)

Rehschnitzel in
Chili-Schoko-Soße

FÜR 4 PORTIONEN

500 g Rehschnitzel

1 TL Wacholderbeeren

1 TL Pimentkörner

Salz

frisch gemahlener schwarzer Pfeffer

½-1 rote Chilischote
(je nach gewünschter Schärfe)

1 rote Zwiebel

1 EL Butterschmalz

1 EL Preiselbeermarmelade

1 EL Rohkakaopulver oder
dunkle Schokolade (mind. 80 %), geraspelt

200 ml Wildfond

200 ml Rotwein

Saft von ½ Grapefruit

100 g gegarte Maroni

1 TL getrockneter Thymian

3 EL Gin

100 ml Obers

ZUBEREITUNG

Die Rehschnitzel abspülen, trocken tupfen, von Sehnen befreien und in kleine Schnitzerl schneiden. Wacholderbeeren und Pimentkörner im Mörser zerstoßen oder in der Gewürzmühle mahlen. Das Fleisch mit Salz, Pfeffer, Piment und Wacholder würzen. Die Chilischote von Samen befreien und fein hacken. Die Zwiebel schälen und fein hacken.

Butterschmalz in einer Pfanne erhitzen und die Schnitzerl darin scharf anbraten. Das Fleisch aus der Pfanne nehmen und beiseite stellen. Zwiebel und Chili im Bratensatz anrösten, gegebenenfalls vorher noch etwas Butterschmalz in der Pfanne erhitzen. Preiselbeermarmelade und Kakao zufügen und kurz unterrühren. Mit Wildfond, Rotwein und Grapefruitsaft ablöschen. Maroni und Thymian zugeben und die Soße bei geringer Hitze reduzieren lassen. Anschließend mit dem Stabmixer sämig pürieren. Gin und Obers einrühren und erneut aufkochen. Mit Salz und Pfeffer würzen. Die angebratenen Rehschnitzerl in die Soße legen, kurz ziehen lassen und sofort servieren. Nicht mehr kochen, sonst wird das Fleisch hart.

—— GUT ZU WISSEN

Dieses Rezept habe ich für meine Lieblings-Genussrunde, mit der ich gemeinsam in regelmäßigen Abständen koche und genieße, anlässlich unseres Herbsttreffens kreiert. Wir haben noch tagelang davon geschwärmt! Serviert habe ich die Rehschnitzel mit in Butterschmalz gebratenen Süßkartoffeln aus dem eigenen Garten und im Ofen geschmorten Kürbisspalten.

Vollkorn-Reisfleisch mit Huhn und Kümmel

FÜR 2 PORTIONEN

1 Zwiebel

1 Knoblauchzehe

125 g Vollkorn-Langkornreis

150 g ausgelöste Hühnerbrust

3 EL Natives Olivenöl Extra

1 EL Paprikapulver (edelsüß)

1 TL Tomatenmark

1 TL gemahlener Kümmel

Salz

frisch gemahlener schwarzer Pfeffer

½ Bund Petersilie

ZUBEREITUNG

Zwiebel und Knoblauch schälen und hacken. Den Reis waschen und abseihen. Die Hühnerbrust abspülen, trocken tupfen und in kleine Würfel schneiden.

Zwiebel und Knoblauch in Olivenöl goldgelb rösten. Paprikapulver und Tomatenmark zugeben und kurz mitrösten. Den Reis zugeben und nach Packungsanleitung und Reissorte die doppelte Menge Wasser oder Brühe angießen. Kümmel zufügen. Die Flüssigkeit aufkochen und den Reis anschließend bei niedrigster Temperatur ca. 1 Std. (je nach Reissorte, Packungsanleitung beachten) garen.

20 Min. vor Ende der Garzeit das Hühnerfleisch zugeben, alles gut durchrühren und mit Salz und Pfeffer würzen. Kurz vor dem Anrichten die Petersilie abbrausen, trocken tupfen, hacken und unterheben. Das Reisfleisch kann mithilfe eines Anrichterings auf Teller zu kleinen Zylindern portioniert oder einfach in einer großen Schale auf den Tisch gestellt werden, woraus jeder sich selbst bedienen kann.

—— **TIPP**

Dazu passt hervorragend Chinakohl-Salat mit gerösteten Hanfsamen (siehe S. 18)

Nachhaltiger Fleischkonsum

Was in so manchem Dorfwirtshaus noch gang und gäbe ist, folgt längst nicht mehr den modernen Ernährungsempfehlungen und Essgewohnheiten. In unseren Breiten nimmt die Anzahl jener Menschen, die ihren Fleischkonsum einschränken oder ganz auf Fleisch verzichten, Jahr für Jahr zu. Wir müssen daher die Hausmannskost auch punkto Fleischkonsum neu ausrichten.

Dass wir unseren Fleischkonsum reduzieren sollen, wird uns von unterschiedlichen Seiten dringend geraten. Die einschlägige Fachliteratur der modernen Medizin und Ernährungswissenschaft empfiehlt, weniger Fleisch zu essen, um gesünder zu leben. Die Weltgesundheitsorganisation (WHO) rät zum Fleischverzicht als Vorbeugung gegen Darmkrebs und internationale Umweltschutzorganisationen aus ökologischen Gründen. Klimaschützer warnen vor dem negativen Einfluss der Fleischproduktion auf den Klimawandel. Von Tierschutzorganisationen, den Kirchen sowie philosophischen Schulen kommt die nicht mehr überhörbare Kritik an der Art und dem Ausmaß, wie wir Fleisch und andere tierische Produkte konsumieren. Wie lässt sich die gute alte Hausmannskost an diese Empfehlungen anpassen?

WENIGER, DAFÜR ABER HOCHWERTIGES FLEISCH

Wer auf Fleisch und andere tierische Produkte nicht verzichten möchte, dem sei dringend empfohlen, „Qualität vor Quantität" zum obersten Leitsatz beim Kochen und Essen zu machen. Nur wenn wir akribisch genau auf wirklich gute Qualität achten und kleine Mengen hochwertiges Bio-Fleisch mit viel Gemüse

und vollwertigen Kohlenhydraten kombinieren, können wir unsere Hausmannskost ernährungsphysiologisch aufwerten. Darüber hinaus sollten wir Fisch und Geflügel rotem Fleisch vorziehen. Und wer den Gesundheitswert von Fleisch im Blick hat, der sollte regelmäßig Wild aus guter Quelle in seinen Speiseplan integrieren. Wildfleisch zählt zu den gesündesten roten Fleischsorten und hat auch kulinarisch zu Recht seinen Platz in einer gesunden und schmackhaften Hausmannskost.

94

> **Wer auf Fleisch nicht verzichten möchte, sollte „Qualität vor Quantität" zu seinem obersten Leitsatz machen.**

FLEISCH PLUS VOLLWERTIGES GETREIDE UND EINE EXTRAPORTION GEMÜSE

Es gibt bei der traditionellen Hausmannskost viele Fleischgerichte, bei denen der Fleischanteil problemlos auf ein gesünderes Maß reduziert werden kann. In Fleischlaibchen können Sie beispielsweise vollwertiges Getreide und Gemüse einarbeiten wie bei den Hackfleisch-Laibchen mit Buchweizen (siehe S. 73). Bei Reisgerichten wie dem Reisfleisch mit Huhn und Kümmel (siehe S. 92) lassen sich das traditionell verwendete Schweinefleisch und der fette Speck getrost gegen gesünderes Bio-Hühnerfleisch austauschen. Ragouts, Risotti, Eintöpfe und Gulaschvariationen können wir mit einer Extraportion Gemüse aufpeppen. Oft braucht es nämlich nur kleine Fleischmengen, um den so beliebten „Umami-Geschmack" zu erzeugen. Dieser herzhafte, würzige und vollmundige Geschmack signalisiert unserem Gehirn, dass die Mahlzeit Eiweiß enthält, und ist der Grund, dass wir den Fleischgeschmack oft so gerne mögen. Der Umami-Geschmack lässt sich jedoch auch mit einigen pflanzlichen Produkten in ein Gericht zaubern, vor allem mit Pilzen. Aber auch Tomatensoße, Oliven und fermentierte Lebensmittel wie Käse oder Sojasoße erzeugen diesen natürlichen Geschmacksverstärker.

NICHT NUR FLEISCH IST EINE GUTE EIWEISSQUELLE

Ich höre immer noch häufig, dass wir Fleisch konsumieren müssen, um unseren Eiweißbedarf zu decken – oder um schlank zu bleiben oder werden: Wer abnehmen oder schlank bleiben will, soll Fleisch statt Getreide oder Kartoffeln essen, heißt es oft. Aber das ist aus ernährungsphysiologischer Sicht ebenso wie eben auch aus ökologischer und ethischer Sicht nicht die beste Lösung.

Neben Fleisch stellen ja auch die tierischen Eiweißquellen der vegetarischen Küche wie Milchprodukte und Eier eine wertvolle Eiweißquelle dar. Und auch jede Menge schmackhafte vegane Lösungen finde ich, wenn ich mich auf die Suche nach wertvollem Eiweiß mache. So enthalten sämtliche Hülsenfrüchte wie Linsen, Bohnen oder Erbsen wertvolles und hochwertiges Eiweiß, ebenso Nüsse, Kerne und Samen. Auch Pilze und sogar eine Reihe von Getreidesorten beinhalten neben Kohlenhydraten auch Eiweiß. Allesamt Zutaten, die in vielen traditionellen Rezepten vorkommen.

Eine spürbare Reduktion des Fleischkonsums mit gleichzeitiger Erhöhung von pflanzlichen Eiweißquellen im Speiseplan hat also auch in der modernen Hausmannskost viel Platz. Dass sich die Relationen wieder mehr in die pflanzliche Richtung verschieben, tut uns und der Welt gut!

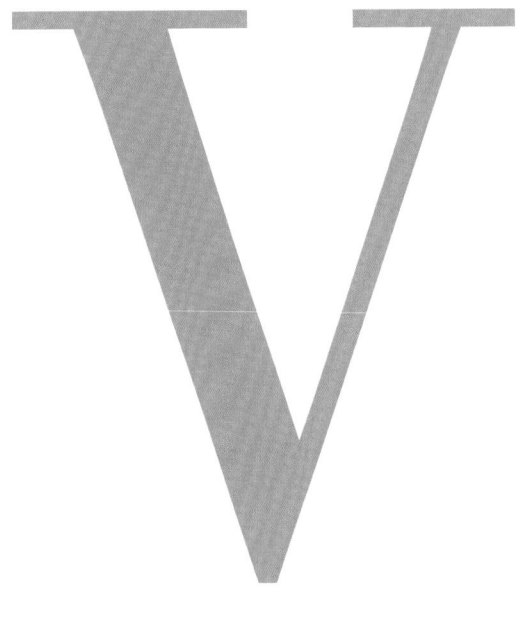

Vegetarisch & Beilagen

Aromatische Anisschnaps-Kartoffeln im Sack

FÜR 2 PORTIONEN

500 g festkochende Kartoffeln

6 Knoblauchzehen

4 Lorbeerblätter

1 Schuss Anisschnaps (z. B. Ouzo, Pernod)

3 EL Natives Olivenöl Extra

1 TL grobes Meersalz

frisch gemahlener bunter Pfeffer

AUSSERDEM

2 Bögen Backpapier

Küchengarn

ZUBEREITUNG

Den Backofen auf 200 °C vorheizen. Die Kartoffeln waschen und je nach Größe halbieren oder vierteln. Den Knoblauch andrücken, aber nicht schälen. Kartoffeln, Knoblauch und Lorbeerblätter in einer Schüssel mit Anisschnaps und Olivenöl vermischen und mit Salz und Pfeffer würzen.

Die Kartoffeln in 2 gleich große Portionen teilen und auf die beiden Backpapierbögen geben, dabei darauf achten, dass Lorbeerblätter und Knoblauch gleichmäßig verteilt sind. Das Backpapier einschlagen und zu Päckchen falten. Die Päckchen mit Küchengarn zusammenbinden und in den Backofen geben. Die Kartoffeln ca. 40 Min. backen. Danach herausnehmen und im Backpapier als Beilage zu Wild oder Geflügel oder mit einem Salat als vegetarische Hauptspeise servieren.

Buchweizen-Karotten-Muffins

FÜR 2 PORTIONEN

200 g Karotten

125 g Buchweizen

250 ml heiße Gemüsebrühe

1 kleine Zwiebel

1 kleiner Bund Petersilie

Olivenöl zum Braten
plus etwas für die Formen

1 Ei

Salz

frisch gemahlener schwarzer Pfeffer

AUSSERDEM

1 Muffinblech für 12 Muffins

ZUBEREITUNG

Die Karotten schälen und in kleine Würfel schneiden. Buchweizen und Karotten in einem Topf mit heißer Gemüsebrühe mischen und auf dem Herd bei geringer Hitze 10 Min. ziehen lassen. Anschließend den Topf vom Herd nehmen, abdecken und den Buchweizen einige Minuten quellen und auskühlen lassen. In der Zwischenzeit die Zwiebel schälen und fein hacken. Die Petersilie abbrausen und trocken tupfen, die Blättchen abzupfen und hacken.

Den Backofen auf 180 °C vorheizen. Olivenöl in einer kleinen Pfanne erhitzen und die Zwiebel darin rösten. Die Petersilie untermischen. Zwiebel und Petersilie zur Buchweizenmasse geben. Das Ei unterrühren. Mit Salz und Pfeffer würzen. Den Teig in gefettete Muffinformen füllen und 12–15 Min. backen.

—— **TIPP**

Die Muffins schmecken als Beilage oder Hauptspeise. Dazu passen Sauerkrautvariationen (siehe S. 142/143).

Bunte Wurzel-gemüse-Spätzle

FÜR 4 PORTIONEN

250 g Dinkelvollkornmehl

2 Eier

250 ml Wasser

1 Prise frisch geriebene Muskatnuss

Salz

frisch gemahlener schwarzer Pfeffer

1 Fenchelknolle

2 Karotten

2 Gelbe Rüben

¼ Sellerieknolle

3 EL Butter

AUSSERDEM

Spätzlehobel

ZUBEREITUNG

Aus Mehl, Eiern und Wasser einen zähflüssigen Teig rühren. Den Teig mit Muskat, Salz und Pfeffer würzen. In einem großen Topf gesalzenes Wasser aufkochen und mit einem Spätzlehobel Spätzle ins siedende Wasser hobeln. Das Wasser kurz aufkochen. Die Spätzle etwas ziehen lassen, in ein Sieb abgießen und kalt abschrecken. Die Spätzle beiseite stellen.

Den Fenchel putzen und in feine Streifen schneiden. Karotten, Gelbe Rüben und Sellerieknolle schälen und in Stifte oder schräge Scheiben schneiden.

Butter in einer Pfanne erhitzen und das Gemüse darin bissfest dünsten. Die Spätzle untermischen und etwas anrösten. Mit Salz und Pfeffer würzen.

—— **TIPP**

Die Spätzle eignen sich gut als Beilage zu Ragouts oder Gulaschgerichten. Mit einer Kräutersoße kann man sie aber auch als vegetarische Hauptspeise genießen.

Schnelles buntes Paprika-Bohnen-Gemüse

**FÜR 2 PORTIONEN ALS HAUPTSPEISE
ODER 4 PORTIONEN ALS BEILAGE**

2 Zwiebeln

1 rote Paprika

1 gelbe Paprika

1 grüne Paprika

3 EL Sonnenblumenöl

500 g weiße Bohnen (Dose oder Glas)

1 TL getrocknetes Bohnenkraut

Salz

frisch gemahlener schwarzer Pfeffer

ZUBEREITUNG

Die Zwiebeln schälen und fein hacken. Die Paprika waschen, von Samen und Scheidewänden befreien und würfeln.

Das Öl in einer Pfanne erhitzen und die Zwiebeln darin anrösten. Die Paprikawürfel zugeben und weich dünsten. Die Bohnen abseihen, zufügen und ca. 10 Min. garen. Mit Bohnenkraut, Salz und Pfeffer würzen.

—— **TIPP**

Mit knusprigem Dinkeltoast serviert ist das Paprika-Bohnen-Gemüse ein schnelles und nahrhaftes vegetarisches Mittag- oder Abendessen. Es eignet sich aber auch gut als Beilage zu Fleischgerichten oder Gemüseaufläufen.

Dillrahm-Fisolen

FÜR 2 PORTIONEN ALS HAUPTSPEISE
ODER 4 PORTIONEN ALS BEILAGE

1 kg frische Fisolen (grüne Bohnen)

1 Bund Dill

2 EL Butter

2 EL Dinkelvollkornmehl

250 ml Gemüsebrühe

200 g Sauerrahm

Saft und Abrieb von 1 Bio-Zitrone

Salz

frisch gemahlener bunter Pfeffer

AUSSERDEM

Dämpfeinsatz oder Dampfgarer

ZUBEREITUNG

Die Fisolen putzen, in mundgerechte Stücke schneiden und in einem Topf mit Dämpfeinsatz oder im Dampfgarer je nach Größe 10–20 Min. bissfest dämpfen. Das restliche Dämpfwasser abseihen. Die Fisolen mit eiskaltem Wasser abschrecken, damit die grüne Farbe erhalten bleibt, und beiseite stellen.

Den Dill abbrausen, trocken tupfen und fein hacken. Butter in einer Pfanne schmelzen und das Dinkelvollkornmehl darin kurz anrösten. Gemüsebrühe angießen und mit dem Schneebesen gut durchrühren, damit sich keine Klümpchen bilden. Kurz aufkochen lassen, damit die Soße etwas eindickt. 2–3 EL der Soße mit dem Sauerrahm verrühren. Die Mischung in die Soße einrühren. Die Soße nun nicht mehr kochen und gut durchrühren, damit sie nicht anbrennt und der Rahm nicht ausflockt. Gehackten Dill und gedämpfte Fisolen zugeben. Zitronensaft und etwas Zitronenabrieb einrühren. Mit Salz und Pfeffer würzen.

Dinkel-Eiernockerln mit frischen Kräutern

FÜR 4 PORTIONEN

50 g Butter plus 1 EL zum Braten

250 g Dinkelvollkornmehl

6 Eier

200 ml Buttermilch

Salz

frisch gemahlener schwarzer Pfeffer

1 Bund frische Kräuter
(z. B. Petersilie, Schnittlauch, Salbei, Basilikum)

AUSSERDEM

Spätzlehobel

ZUBEREITUNG

Für die Nockerln 50 g Butter schmelzen und mit Mehl, 2 Eiern und Buttermilch zu einem zähflüssigen Teig verrühren. Mit Salz und Pfeffer würzen. In einem großen Topf gesalzenes Wasser aufkochen. Mit einem Spätzlehobel oder einem kleinen Löffel Spätzle oder Nockerln formen und ins siedende Salzwasser gleiten lassen. Ca. 10 Min. bei geringer Hitze garen.

In der Zwischenzeit die Kräuter abbrausen und trocken tupfen, die Blättchen abzupfen und klein hacken. Die gegarten Nockerln abseihen, abtropfen lassen und in einer Pfanne mit zerlassener Butter schwenken. Die restlichen Eier unterrühren und stocken lassen. Die Eier sollten nur kurz braten, damit sie cremig bleiben und nicht zu hart werden. Mit Salz und Pfeffer würzen und mit reichlich frischen Kräutern bestreut servieren. Dazu passt ein knackiger Blattsalat.

—— **TIPP**

Wenn Sie etwas mehr von der Nockerlmasse machen, können Sie die fertig gekochten Nockerln im Kühlschrank aufbewahren und in den nächsten Tagen noch kreativ abwandeln, z. B. mit Blattspinat und Schafskäse zubereiten.

Pfifferling-Gulasch

FÜR 2 PORTIONEN

1 kg Pfifferlinge

1 Zwiebel

1 Knoblauchzehe

3 EL Natives Olivenöl Extra

1 EL Paprikapulver (edelsüß)

250 ml Gemüsebrühe

1 TL gemahlener Kümmel

1 TL getrockneter Majoran

100 g Sauerrahm

1 EL Dinkelvollkornmehl

Salz

frisch gemahlener schwarzer Pfeffer

ZUBEREITUNG

Die Pfifferlinge putzen und in mundgerechte Stücke schneiden. Zwiebel und Knoblauch schälen und fein hacken.

Olivenöl in einer Pfanne erhitzen. Zwiebel und Knoblauch darin anrösten. Die Schwammerl zugeben und dünsten, bis das austretende Wasser verdampft ist. Paprikapulver zufügen und kurz mitrösten, aber nicht zu heiß werden lassen, damit es nicht bitter wird. Die Brühe angießen und Kümmel sowie Majoran zugeben. Die Flüssigkeit bei geringer Hitze etwas reduzieren. Gegen Ende der Garzeit den Sauerrahm mit dem Mehl verrühren. Einige Esslöffel heiße Brühe mit dem Schneebesen kräftig unterrühren, damit sich keine Klumpen bilden. Die Sauerrahm-Mischung in das Gulasch rühren. Kurz aufkochen, damit die Soße noch etwas eindickt, mit Salz und Pfeffer würzen und heiß servieren.

—— **TIPP**

Dazu passen Semmelknödel und ein grüner Salat.
Wenn gerade keine Pfifferlingsaison ist, können Sie dieses Gulasch auch mit Zuchtchampignons zubereiten.

Gebackene Hirselaibchen mit Schnittlauchdip

FÜR 2 PORTIONEN

150 g Hirse

300 ml Gemüsebrühe

1 Fenchelknolle

2 Karotten

2 Knoblauchzehen

70 g Parmesan

1 Bund Petersilie

3 EL Natives Olivenöl Extra

2 Eier

1 TL gemahlener Kreuzkümmel

1 Prise frisch geriebene Muskatnuss

Salz

frisch gemahlener schwarzer Pfeffer

FÜR DEN DIP

1 Bund Schnittlauch

200 g Sauerrahm

ZUBEREITUNG

Die Hirse in ein Sieb geben, mit heißem Wasser übergießen und waschen. In einem Topf mit Dämpfeinsatz und 300 ml Brühe weich dämpfen. Anschließend etwas abkühlen lassen. In der Zwischenzeit den Fenchel putzen und in kleine Würfel schneiden. Die Karotten schälen und grob raspeln. Den Knoblauch schälen und fein hacken. Den Parmesan reiben. Die Petersilie abbrausen und trocken tupfen, die Blättchen abzupfen und hacken.

Den Backofen auf 200 °C vorheizen. Etwas Olivenöl in einer Pfanne erhitzen. Fenchel, Karotten und Knoblauch darin kurz anrösten. Die gedämpfte Hirse mit dem Gemüse vermischen. Die Eier verquirlen, den Parmesan und die Petersilie unterrühren. Mit Muskat, Kümmel, Salz und Pfeffer würzen. Aus der Masse Laibchen formen, auf ein mit Backpapier ausgelegtes Backblech setzen, mit Olivenöl beträufeln und 25 Min. backen.

Für den Dip den Schnittlauch abbrausen, trocken tupfen und in kleine Röllchen schneiden. Mit dem Sauerrahm vermischen und mit Salz und Pfeffer würzen. Die Laibchen mit dem Schnittlauchdip servieren.

Fleischlos glücklich

Das Verhältnis von Fleisch, Kohlenhydraten und Gemüse ist heute in der heimischen Küche oft nicht mehr ganz zeitgemäß. Wir sind es gewohnt, viel zu fleischlastig zu essen. Weniger Fleisch und dafür mehr Gemüse auf dem Teller ist jedoch aus gesundheitlichen, kulinarischen und nicht zuletzt ethischen Gründen empfehlenswert.

Wir sind heute vielerorts gewohnt, einen riesigen Brocken Fleisch am Teller zu haben, begleitet von wenig Vielfalt an sogenannten „Sättigungsbeilagen" wie Nudeln, Reis oder Kartoffeln und das Ganze meist nur zaghaft dekoriert mit einer Miniportion Gemüse. Wenn wir uns zurückbesinnen auf „die gute alte Zeit", stellen wir jedoch fest, dass traditionelle Hausmannskost früher wesentlich weniger Fleisch enthielt, als dies heute der Fall ist. Bis in die 1950er und 1960er Jahre hinein war ein häufiger Fleischkonsum nur der sehr gut verdienenden Oberschicht vorbehalten. Erst die Massentierhaltung machte Fleisch so billig, dass die Portionen auch auf den Tellern von Menschen mit geringerem Einkommen wuchsen.

MODERNE ERNÄHRUNG VERZICHTET AUF FLEISCH

Diese fleischlastige Ernährung passt heute jedoch nicht mehr zu unserem Lebensstil. Denn zum einen verbrauchen die meisten von uns lange nicht mehr so viel Energie, dass wir das viele Eiweiß und die vielen Kohlenhydrate auch verbrennen könnten. Zum anderen wissen wir heute, wie wichtig ein hoher Gemüseanteil in der Ernährung ist, damit wir gesund bleiben und uns das Essen mit guter Energie, Vitalstof-

fen, Vitaminen und dergleichen versorgt. Auch der Umwelt und dem Tierschutz zuliebe ist es sinnvoll, die fleischbetonte Ernährung zu überdenken. Jedes Kind weiß heute bereits, dass ein hoher Fleischkonsum die Umwelt belastet

Traditionelle Hausmannskost enthielt früher wesentlich weniger Fleisch als heute.

und dass wir im Sinne der Nachhaltigkeit auch öfters ganz auf Fleisch verzichten sollten. Zudem schonen wir mit dem Verzicht auf Fleisch unser Geldbörserl, denn pflanzliche Produkte sind wesentlich kostengünstiger als hochwertiges Fleisch – und von Billigfleisch rate ich aus gesundheitlichen, ethischen, ökologischen, aber auch aus kulinarischen Gründen ohnehin strikt ab.

EIN HALBER TELLER GEMÜSE FÜR DIE GESUNDHEIT

Ernährungswissenschaftler und Umweltschutzorganisationen rufen dazu auf, das Verhältnis von Fleisch und Gemüse auf unseren Tellern zu verändern. Viele Gerichte können mit einem größeren Gemüseanteil sowohl geschmacklich als auch im Hinblick auf die gesundheitsfördernde Wirkung aufgewertet werden. An Gemüse kann man sich außerdem richtig satt essen, ohne dies mit Übergewicht oder gesundheitlichen Problemen bezahlen zu müssen. Ernährungsexperten empfehlen heute aus diesen Gründen, gut die Hälfte eines gesunden Tellers mit Gemüse zu füllen. Die andere Hälfte sollten sich Eiweiß und Kohlenhydrate teilen. Mit dieser Ernährung purzeln Kilos, sinken Krankenkassakosten und atmet unsere

Umwelt durch. Dieses Verhältnis von Fleisch, Kohlenhydraten und Gemüse spiegelt sich auch in der Auswahl meiner Rezepte. Und Sie werden sehen und schmecken, wie genussvoll und kulinarisch befriedigend die zahlreichen fleischlosen Gerichte Ihren täglichen Speiseplan bereichern können.

Gebratener Reis mit Pilzen

FÜR 2 PORTIONEN

1 Tasse Vollkorn-Reis

2 Tassen Gemüsebrühe

1 Zwiebel

1 Knoblauchzehe

500 g Pilze (z. B. braune Champignons)

1 Bund Petersilie

3 EL Natives Olivenöl Extra

etwas Bio-Zitronenabrieb

Salz

frisch gemahlener schwarzer Pfeffer

ZUBEREITUNG

Den Reis gemäß Packungsanleitung in Gemüsebrühe garen. Zwiebel und Knoblauch schälen und fein hacken. Die Pilze putzen, mit einem Geschirrtuch abreiben und in mundgerechte Stücke schneiden. Die Petersilie abbrausen und trocken tupfen, die Blättchen abzupfen und hacken.

Olivenöl in einer Pfanne erhitzen. Zwiebel und Knoblauch darin anschwitzen. Die Pilze zufügen und mitbraten. Den gegarten Reis untermengen. Mit etwas Zitronenabrieb, Salz und Pfeffer würzen. Die Petersilie einrühren und den gebratenen Reis heiß servieren.

—— **TIPP**

Zu dem gebratenen Reis mit Pilzen passt ein knackiger Blattsalat.

Herbstlicher Kartoffelauflauf

FÜR 2 PORTIONEN

5 festkochende Kartoffeln

½ Butternusskürbis

100 g gegarte Maroni

1 TL gemahlene Koriandersamen

frisch geriebene Muskatnuss

Salz

frisch gemahlener schwarzer Pfeffer

100 ml Obers

1 EL gemahlene Mandeln

1 EL Dinkelbrösel

Natives Olivenöl Extra

ZUBEREITUNG

Die Kartoffeln in Salzwasser kochen, schälen und in dicke Scheiben schneiden. Den Kürbis schälen, von Samen befreien und in mundgerechte Stücke schneiden.

Den Backofen auf 220 °C vorheizen. Kartoffeln, Kürbis und Maroni mit Koriander, Muskatnuss, Salz und Pfeffer würzen und in eine gefettete Auflaufform schichten. Mit Obers übergießen und mit Mandeln und Dinkelbröseln bestreuen. Mit etwas Olivenöl beträufeln und ca. 30 Min. backen.

—— **TIPP**

Der Auflauf schmeckt als Beilage zu Eintöpfen und Wildgerichten oder als vegetarische Hauptspeise mit Salat.

Auch im WINTER hält der Garten kulinarische SCHÄTZE für uns bereit: KOHLSPROSSEN werden erst so richtig geschmackvoll und süß, wenn sie bis in den tiefen Winter am Feld stehen und Minusgrade abbekommen!

Sommerliches Gemüsegulasch mit gebratenen Pilzen

FÜR 4 PORTIONEN

1 Zwiebel

4 Knoblauchzehen

½ Hokkaidokürbis

1 kleine Zucchini

150 g Fisolen (grüne Bohnen)

1 Kohlrabi

4 Stängel Majoran

3 Zweige Thymian

2 Stängel Oregano

250 g frische Pilze nach Wahl

3 EL Natives Olivenöl Extra

2 EL Paprikapulver (edelsüß)

1 TL gemahlener Kümmel

1 EL Tomatenmark

2 EL selbst gemachte Suppenwürze (siehe S. 66)

200 ml Wasser

200 g Kidneybohnen (Dose oder Glas)

Salz

frisch gemahlener bunter Pfeffer

100 ml Rotwein

1 EL Sojasoße

1 EL Balsamicoessig

1 EL Sauerrahm

ZUBEREITUNG

Zwiebel und Knoblauch schälen und fein hacken. Kürbis und Zucchini von Stielansatz und Samen befreien und in mundgerechte Würfel schneiden. Die Fisolen putzen und in mundgerechte Stücke schneiden. Kohlrabi schälen und in Würfel schneiden. Die Kräuter abbrausen und trocken tupfen, die Blättchen abzupfen und hacken. Die Pilze putzen, mit einem Geschirrtuch abreiben und in Scheiben schneiden.

Etwas Olivenöl in einem Topf erhitzen. Zwiebel und Knoblauch darin anrösten. Das Gemüse zufügen und kurz mitrösten. Paprikapulver, Kümmel, Tomatenmark und Suppenwürze unterrühren und Wasser angießen. Den Deckel auflegen und das Gemüse bei geringer Hitze bissfest dünsten. Gegen Ende der Garzeit Kidneybohnen und Kräuter zugeben. Mit Salz und Pfeffer würzen und mit Rotwein, Balsamicoessig und Sojasoße abschmecken.

Das restliche Olivenöl in einer Pfanne erhitzen und die Pilze darin anrösten. Das Gemüsegulasch mit den gebratenen Pilzen und einem Klecks Sauerrahm servieren.

—— **TIPPS**

Anstatt selbst gemachter Suppenwürze können Sie auch Gemüsebrühepulver verwenden. Achten Sie aber darauf, dass es aus hochwertigen Bio-Zutaten hergestellt wurde und keine chemischen Geschmacksverstärker enthält.

Langkorn-Risotto mit Zucchini und Basilikum

FÜR 2 PORTIONEN

125 ml Vollkorn-Langkornreis

250 ml Gemüsebrühe

1 kleine weiße Zwiebel

1 Knoblauchzehe

1 Zucchini

Natives Olivenöl Extra

Salz

frisch gemahlener schwarzer Pfeffer

10-15 Basilikumblätter

Schaf- oder Ziegenkäse zum Bestreuen, optional

ZUBEREITUNG

Den Reis waschen und nach Packungsanleitung in der Gemüsebrühe kochen. Zwiebel und Knoblauch schälen und fein hacken. Die Zucchini schälen und in kleine Würfel schneiden.

Olivenöl in einem Topf erhitzen. Zwiebel und Knoblauch darin glasig dünsten. Zucchiniwürfel zufügen. Mit Salz und Pfeffer würzen. Den gekochten Reis zugeben und einige Minuten mitbraten. Kurz vor dem Anrichten die Basilikumblätter in Streifen schneiden und unter das Risotto rühren. Nach Wunsch Schaf- oder Ziegenkäse grob zerkleinern und über das Risotto streuen. Dazu passt ein knackiger Blattsalat.

Gedämpfter Romanesco und Brokkoli mit Kräutercreme

FÜR 2 PORTIONEN ALS HAUPTSPEISE ODER 4 PORTIONEN ALS BEILAGE

1 mittelgroßer Brokkoli

1 mittelgroßer Romanesco

50 g Pinienkerne

1 Bund frische Kräuter

200 g Frischkäse

etwas Bio-Zitronenabrieb

3 EL Natives Olivenöl Extra

Salz

frisch gemahlener schwarzer Pfeffer

AUSSERDEM

Dämpfeinsatz oder Dampfgarer

ZUBEREITUNG

Brokkoli und Romanesco putzen und in Röschen schneiden. Die Röschen im Dampfgarer oder einem Topf mit Dämpfeinsatz je nach Größe 5–10 Min. bissfest garen. Die Pinienkerne in einer Pfanne ohne Fett rösten, bis sie duften.

Für die Kräutercreme die Kräuter abbrausen, trocken tupfen, fein hacken und mit dem Frischkäse verrühren. Die Creme mit etwas Zitronenabrieb würzen.

Das gedämpfte Gemüse mit Olivenöl beträufeln, mit Salz und Pfeffer würzen, mit den Pinienkernen bestreuen und gemeinsam mit der Kräutercreme servieren.

—— **TIPP**

Servieren Sie das Gericht als schnelle vegetarische Hauptspeise mit getoastetem Schwarzbrot oder als Beilage zu Fisch oder Geflügel.

Blumenkohl-Auflauf

FÜR 2 PORTIONEN

5 mittelgroße, festkochende Kartoffeln

1 kleiner oder ½ großer Blumenkohl

1 Zwiebel

2 Knoblauchzehen

100 g Hartkäse

100 g Champignons

50 g Pinienkerne

250 ml passierte Tomaten
oder stückige Tomaten (Dose)

Salz

frisch gemahlener schwarzer Pfeffer

ZUBEREITUNG

Die Kartoffeln in Salzwasser bissfest kochen, anschließend schälen und in Scheiben schneiden. Den Blumenkohl in kleine Röschen schneiden. Zwiebel und Knoblauch schälen und hacken. Den Hartkäse reiben. Die Champignons putzen, mit einem Geschirrtuch abreiben und in Scheiben schneiden.

Den Backofen auf 200 °C vorheizen. Das Gemüse in eine gefettete Auflaufform schichten. Zwiebel und Knoblauch mit den passierten Tomaten vermischen und über das Gemüse gießen. Mit Käse und Pinienkernen bestreuen und mit Salz und Pfeffer würzen. Den Auflauf ca. 30 Min. backen, bis das Gemüse gar und der Käse gebräunt ist.

Krautfleckerl mit Kräuter-Joghurt-Soße

FÜR 4 PORTIONEN

FÜR DIE KRAUTFLECKERL

400 g Dinkelvollkorn-Fleckerl

1 Weißkrautkopf

2 Zwiebeln

Natives Olivenöl Extra

1 EL Rohrohrzucker

1–2 TL gemahlener Kümmel

Salz

frisch gemahlener schwarzer Pfeffer

FÜR DIE SOSSE

1 Bund frische Kräuter

250 ml Naturjoghurt

ZUBEREITUNG

Die Fleckerl in Salzwasser bissfest kochen. Das Kraut von den äußeren Blättern und dem Strunk befreien und in feine Streifen schneiden. Die Zwiebel schälen und fein hacken.

Olivenöl in einer Pfanne erhitzen und die Zwiebeln darin anrösten. Den Rohrzucker zufügen und etwas karamellisieren lassen. Das Kraut zugeben und so lange mitrösten, bis es glasig und weich ist. Die gut abgetropften Fleckerl zufügen und mitbraten. Mit Kümmel, Salz und Pfeffer würzen.

Für die Joghurtsoße die Kräuter abbrausen und trocken tupfen, die Blättchen abzupfen und hacken. Den Joghurt mit den Kräutern verrühren. Mit Salz und Pfeffer würzen. Die Soße zu den Krautfleckerl servieren.

Rosenkohl in Butter mit Samen und Nüssen

FÜR 2 PORTIONEN

500 g Rosenkohl

50 g Nüsse oder Samen
(z. B. Mandeln, Kürbiskerne oder Hanfsamen)

1 EL Butter

Salz

frisch gemahlener schwarzer Pfeffer

AUSSERDEM

Dämpfeinsatz oder Dampfgarer

ZUBEREITUNG

Den Rosenkohl putzen und in einem Topf mit Dämpfeinsatz oder im Dampfgarer bei 100 °C je nach Größe und gewünschter Bissfestigkeit 10–15 Min. dämpfen. In der Zwischenzeit die Nüsse oder Samen grob hacken und in einer Pfanne ohne Fett bei mittlerer Hitze rösten, bis sie duften, dabei darauf achten, dass sie nicht anbrennen.

Die Butter in einer Pfanne schmelzen und den gegarten Rosenkohl darin anbraten. Die gehackten Nüsse oder Samen unterrühren. Mit Salz und Pfeffer würzen und als Beilage oder vegetarische Hauptspeise servieren.

—— **TIPP**

Statt in Butter gebraten können Sie den gegarten Rosenkohl auch mit aromatischem kaltgepresstem Öl wie Walnussöl oder Hanfsamenöl marinieren.

Getreidevielfalt wiederentdecken

Im letzten Jahrhundert ist unsere Getreidevielfalt auf den Feldern massiv zurückgegangen, weil hochgezüchteter Weizen viele Sorten verdrängt hat. Doch mittlerweile setzt ein Umdenken ein und unterschiedliche Getreidesorten bereichern wieder zunehmend unsere Speisepläne.

ES GIBT KÖSTLICHE ALTERNATIVEN ZU WEIZEN

Weil viele Menschen die einseitige Ernährung mit zu viel Weizenprodukten schlecht vertragen, findet man in jüngerer Zeit wieder mehr alte Sorten und Alternativen zu Weizen in den Regalen von Bioläden, aber auch Supermärkten. Wer Weizen gut verträgt, muss ihn nicht aus seinem Speiseplan verdammen. Aber etwas Abwechslung kann nie schaden. Denn alte Sorten wie Dinkel, Emmer, Einkorn oder Gerste sind köstliche Alternativen, die man vielseitig einsetzen kann. Auch glutenfreie Getreidevarianten wie Buchweizen, Hirse oder Mais lohnt es auszuprobieren. Neben Nudeln, Kartoffeln, Nockerln und Knödeln gibt es jede Menge schmackhafte Alternativen zu den immer gleichen Beilagen und Gerichten aus (weißem) Weizenmehl. Wie wäre es beispielsweise mit gebackenen Hirselaibchen (siehe S. 109) oder einem herzhaften Rollgersteneintopf mit Wurzelgemüse und Pilzen (siehe S. 46)?

NATURREIS BRINGT NUSSIGE AROMEN AUF DEN TELLER

Auch beim Reis gibt es inzwischen wieder mehr zu entdecken als nur die industriell verarbeiteten, polierten weißen Reissorten oder den soge-

> **Alte Getreidesorten wie Dinkel, Emmer, Einkorn oder Gerste sind köstlich und vielseitig einsetzbar.**

nannten Parboiled Reis. Probieren Sie doch mal die vollwertigen Varianten. Sie haben nicht nur eine ausgezeichnete Nährstoffbilanz, sondern können auch geschmacklich oft mit erstaunlich nussigen Aromen aufwarten. Vor Kurzem habe ich sogar eine schwarze Reissorte entdeckt, die im burgenländischen Seewinkel angebaut wird und die so manchen herkömmlichen Reis geschmacklich in den Schatten stellt. Wie wäre es mit einem Vollkorn-Reisfleisch mit Huhn und Kümmel (siehe S. 92) oder einem Langkorn-Risotto mit Zucchini und Basilikum (siehe S. 117)?

124

Karamellisiertes buntes Wurzelgemüse

FÜR 4 PORTIONEN

je 2 orangefarbene, violette und gelbe Karotten

2 Pastinaken

2 Petersilienwurzeln

1 Zweig frischer Thymian

1 EL Butter,
alternativ Natives Olivenöl Extra

1 TL Rohrohrzucker

Salz

frisch gemahlener bunter Pfeffer

AUSSERDEM

Dampfgarer oder Dämpfeinsatz

ZUBEREITUNG

Das Gemüse schälen, Pastinaken und Petersilienwurzeln der Länge nach vierteln und in ca. 3 cm große Stücke schneiden. Den Thymian abbrausen, trocken tupfen und die Blättchen abzupfen.

Das Wurzelgemüse im Dampfgarer oder im Topf mit Dämpfeinsatz je nach Größe der Stücke 6–8 Min. bissfest dämpfen. Abtropfen und etwas abkühlen lassen.

Butter in einer Pfanne erhitzen. Den Zucker zufügen und karamellisieren lassen. Das gedämpfte Wurzelgemüse darin anrösten, bis es rundherum schön gebräunt ist. Den Thymian unterrühren. Mit Salz und Pfeffer würzen.

——— **TIPP**

Diese bunten Rüben bringen Farbe auf den Teller und erfreuen Gaumen und Herz. Glücklicherweise sind alte Raritätensorten wie die violetten Möhren in der Zwischenzeit auch in manchen Supermärkten erhältlich.

Grundrezept Kartoffelpüree

FÜR 2 PORTIONEN

400 g mehligkochende Kartoffeln

2 EL Butter

100 ml Milch

1 Prise frisch geriebene Muskatnuss

Salz

AUSSERDEM

Dampfgarer oder Dämpfeinsatz

ZUBEREITUNG

Die Kartoffeln schälen und im Dampfgarer oder in einem Topf mit Dämpfeinsatz weich garen. Die gedämpften Kartoffeln mit Butter und Milch mit dem Mixer oder Kartoffelstampfer zu einem cremigen Püree zerkleinern. Mit Salz und Muskatnuss würzen.

—— **TIPP**

Die Butter können Sie durch hochwertiges Olivenöl und die Milch durch Pflanzenmilch (Sojamilch, Reismilch, Dinkelmilch) ersetzen.

Zitronen-Petersilie-Kartoffelpüree

FÜR 2 PORTIONEN

400 g mehligkochende Kartoffeln

1 Petersilienwurzel

3 EL Natives Olivenöl Extra

1 Bund Petersilie

Abrieb von 1 Bio-Zitrone

Salz

AUSSERDEM

Dampfgarer oder Dämpfeinsatz

ZUBEREITUNG

Die Kartoffeln und die Petersilienwurzel schälen und im Dampfgarer oder in einem Topf mit Dämpfeinsatz weich garen. Mit Olivenöl und 3 EL heißem Wasser mit dem Mixer oder Kartoffelstampfer zu einem cremigen Püree zerkleinern.

Die Petersilie abbrausen und trocken tupfen, die Blättchen abzupfen, sehr fein hacken und in das Püree rühren. Mit dem Zitronenabrieb und Salz würzen.

Sellerie-Kartoffelpüree

FÜR 2 PORTIONEN

200 g mehligkochende Kartoffeln

200 g Knollensellerie

2 EL Butter

100 ml Obers

1 Prise frisch geriebene Muskatnuss

Salz

AUSSERDEM

Dampfgarer oder Dämpfeinsatz

ZUBEREITUNG

Kartoffeln und Sellerie schälen und im Dampf-garer oder in einem Topf mit Dämpfeinsatz weich dämpfen. Mit Obers und Butter mit dem Mixer oder Kartoffelstampfer zu einem cremigen Püree rühren. Mit Salz und Muskat würzen.

—— **TIPP**

Statt Butter und Obers können Sie hoch-wertiges Pflanzenöl und pflanzliches Obers aus dem Reformhaus verwenden.

Kürbis-Kartoffelpüree

FÜR 2 PORTIONEN

200 g Hokkaidokürbis

200 g mehligkochende Kartoffeln

2 EL Butter

100 ml Obers

Salz

frisch gemahlener schwarzer Pfeffer

AUSSERDEM

Dampfgarer oder Dämpfeinsatz

ZUBEREITUNG

Den Kürbis von Samen befreien, nicht schälen, und in grobe Stücke schneiden. Die Kartoffeln schälen. Kürbis- und Kartoffelstücke im Dampfgarer oder in einem Topf mit Dämpfeinsatz weich dämpfen. Mit Butter und Obers mit dem Mixer oder Kartoffelstampfer zu einem cremigen Püree zerkleinern. Mit Salz und Pfeffer würzen.

—— **TIPP**

Statt Butter und Obers können Sie hochwertiges Pflanzenöl und pflanzliches Obers aus dem Reformhaus verwenden.

Süßkartoffel-Kokos-Püree mit Ingwer

FÜR 2 PORTIONEN

400 g Süßkartoffeln

1 Stück Ingwer (1 cm)

100 ml Kokosmilch

Salz

AUSSERDEM

Dampfgarer oder Dämpfeinsatz

ZUBEREITUNG

Die Süßkartoffeln schälen und im Dampfgarer oder in einem Topf mit Dämpfeinsatz weich dämpfen. Den Ingwer schälen und fein reiben. Die Süßkartoffeln mit Ingwer und Kokosmilch mit dem Mixer oder Kartoffelstampfer zu einem sämigen Püree zerkleinern. Mit Salz würzen.

Kümmelkartoffeln

FÜR 2 PORTIONEN

500 g festkochende Kartoffeln

1 EL Kümmel

2 EL Natives Olivenöl Extra

Salz

ZUBEREITUNG

Den Backofen auf 200 °C vorheizen. Die Kartoffeln waschen, halbieren, in einer Schüssel mit Kümmel und Olivenöl vermischen und salzen. Die Kartoffeln auf einem Backblech verteilen und 25–30 Min. backen.

Aniskartoffeln

FÜR 2 PORTIONEN

500 g festkochende Kartoffeln

4 Knoblauchzehen

2 Lorbeerblätter

½ TL Anissamen

1 Prise Meersalz

2 EL Natives Olivenöl Extra

ZUBEREITUNG

Den Backofen auf 200 °C vorheizen. Die Kartoffeln waschen und je nach Größe halbieren oder vierteln. Die Knoblauchzehen mit Schale andrücken. Die Kartoffeln in einer Schüssel mit Knoblauch, den Lorbeerblättern, Anissamen, Salz und Olivenöl vermischen. Die Kartoffeln auf einem Backblech verteilen und unter mehrmaligem Wenden 25–30 Min. backen.

Herzhaftes Mangoldspinat-Gemüse mit Paprika

FÜR 2 PORTIONEN

500 g Mangold

1 rote Paprika

1 Zwiebel

5 Knoblauchzehen

Natives Olivenöl Extra

Saft und Abrieb von 1 Bio-Zitrone

frisch gemahlener schwarzer Pfeffer

Salz

ZUBEREITUNG

Den Mangold waschen, die Stiele entfernen und die Blätter in Streifen schneiden. Die Paprika von Samen und Scheidewänden befreien und in feine Streifen schneiden. Zwiebel und Knoblauch schälen und fein hacken.

Olivenöl in einer Pfanne erhitzen und die Zwiebel darin anrösten. Mangold und Paprikastreifen zufügen und mitrösten. Wenn das Gemüse gar, aber noch bissfest ist, den Knoblauch unterrühren. Mit etwas Zitronensaft und -abrieb, Salz und Pfeffer würzen.

—— **TIPP**

Das Gemüse schmeckt als Beilage zu Fisch und Huhn oder als vegetarische Hauptspeise mit Reis oder Kartoffeln.

Pikantes Letscho
mit buntem Gartengemüse

**FÜR 2 PORTIONEN ALS HAUPTSPEISE
ODER 4 PORTIONEN ALS BEILAGE**

500 g rote, grüne und gelbe Paprika

500 g bunt gemischte Raritäten-Tomaten
(z. B. Ochsenherz, Green Zebra,
Gelbe Dattelwein)

1 große Zwiebel

4 Knoblauchzehen

3 EL Natives Olivenöl Extra

½ EL Paprikapulver (scharf)

½ EL Paprikapulver (edelsüß)

½ TL gemahlener Kümmel

Salz

frisch gemahlener bunter Pfeffer

ZUBEREITUNG

Die Paprika von Samen und Scheidewänden befreien und in mundgerechte Stücke schneiden. Die Tomaten halbieren und den grünen Stielansatz entfernen, anschließend ebenfalls in mundgerechte Stücke schneiden. Zwiebel und Knoblauch schälen und fein hacken.

Olivenöl in einer Pfanne erhitzen und die Zwiebel darin anrösten. Knoblauch, Paprika und Tomaten zugeben und mitrösten, danach die Hitze reduzieren. Mit Paprikapulver und Kümmel würzen und bei niedriger Temperatur langsam dick einkochen lassen. Mit Salz und Pfeffer würzen.

—— **TIPP**

*Das Letscho schmeckt als Beilage
zu Fleisch oder Fisch.*

—— **GUT ZU WISSEN**

Raritäten-Tomaten sind alte Sorten, die mittlerweile auch in Bio-Qualität im Supermarkt erhältlich sind. Am besten schmecken sie mir natürlich aus dem eigenen Garten. Von dort kommen sie im Hochsommer nahezu täglich frisch und sonnengereift auf meinen Teller. Was ich nicht sofort essen kann, koche ich als Letscho oder Sugo für den Winter ein.

Ratatouille mit Kichererbsen

FÜR 2 PORTIONEN

1 mittelgroße rote Zwiebel

2 Knoblauchzehen

1 kleine Zucchini

1 kleine Aubergine

4 sonnengereifte Tomaten

1 Zweig Rosmarin

1 Stängel Salbei

Natives Olivenöl Extra

200 g Kichererbsen (Dose oder Glas)

1 EL Salzkapern (Glas)

1 Lorbeerblatt

Salz

frisch gemahlener schwarzer Pfeffer

ZUBEREITUNG

Zwiebel und Knoblauch schälen und fein hacken. Das restliche Gemüse vom Stielansatz befreien und in mundgerechte Stücke schneiden. Die Kräuter abbrausen und trocken tupfen, die Blättchen abzupfen und hacken.

Olivenöl in einer Pfanne erhitzen. Zwiebel und Knoblauch darin anrösten. Zucchini und Aubergine zugeben und mitrösten. Tomaten, Kichererbsen, Kapern, Rosmarin, Salbei und Lorbeerblatt zugeben und das Gemüse weich dünsten. Mit Salz und Pfeffer würzen.

—— **TIPP**

Das Ratatouille schmeckt als Beilage oder Hauptspeise. Servieren Sie es als Hauptspeise, können Sie Aniskartoffeln (siehe S. 131) oder Süßkartoffel-Schmarren (siehe S. 145) dazu reichen.

Wie gesund ist Fett im Essen?

Die Zeiten, in denen Fett aus der Küche verbannt und von Gesundheits-experten bekämpft wurde, gehen glücklicherweise langsam vorüber. Ernährungsempfehlungen haben heute einen viel differenzierteren Blick auf „gute" und „böse" Fette.

Eine Zeitlang mussten alle Lebensmittel „light" sein, und „gesund" setzte man stets mit fett-arm gleich. Gebacken und gekocht wurde mit Margarine, Olivenöl sollte man nur am Salat verwenden, und insgesamt rieten Ernährungs-empfehlungen, möglichst wenig Fett zu kon-sumieren. Tierische Fette wie Schmalz oder Butter waren in einer gesundheitsbewussten Küche komplett tabu. In der Zwischenzeit ha-ben sich viele dieser Empfehlungen jedoch re-lativiert. Die Fachmeinungen zum Thema Fett differenzieren heute viel stärker und so man-che Lehrmeinung wurde in der Zwischenzeit auch offiziell korrigiert.

FETTE SIND WICHTIG FÜR UNSERE GESUNDHEIT

Ich habe mir angewöhnt, mich gut zu informie-ren und viel zu recherchieren, aber niemals meine eigene Kompetenz an die Fachwelt ab-zugeben, wenn es darum geht, herauszufinden, was mir guttut. Außerdem setze ich bei der Suche nach der „Wahrheit" gern meinen Haus-verstand ein. Genauso halte ich es beim The-ma Fett und habe diesbezüglich meine eigenen Schlüsse gezogen.

Fette weisen zahlreiche Eigenschaften auf, die für unsere Ernährung und Gesundheit notwen-dig sind. Wir benötigen sie für die Aufnahme fettlöslicher Vitamine ebenso wie für eine Viel-zahl an Stoffwechselvorgängen. Gehirn, Nerven und Körperzellen sind auf die regelmäßige Zu-fuhr von guten Fetten angewiesen, ebenso un-ser Herz-Kreislauf-System.

Doch welches sind die „guten" Fette? Häufig werden ungesättigte Fettsäuren, wie sie in Oli-venöl, Leinöl oder Walnussöl enthalten sind, als „gute" Fette und gesättigte Fettsäuren, wie sie in Butter, Kokosöl oder Schmalz vorkommen, als „böse" Fette bezeichnet. Diese Einteilung greift jedoch zu kurz. Auch über die Einteilung in un-gesunde tierische und gesunde pflanzliche Fe-te kann man streiten. Im indischen Ayurveda, der ältesten ganzheitlichen Gesundheitslehre, wird beispielsweise Butterschmalz als wahres Lebenselixier gepriesen. Auch kaltgepresstem Kokosfett, das gesättigte Fettsäuren in großen Mengen enthält, wird mittlerweile im Hinblick auf seine gesundheitsfördernden Eigenschaf-ten ein sehr gutes Zeugnis ausgestellt. Und dass Fischfett reich an gesunden Omega-3-Fettsäu-ren ist, weiß heute jedes Kind. Ganz so einfach ist die Einteilung der Fette in „gute" und „böse" also nicht.

GENUSS IN MASSEN UND GUTER QUALITÄT

Dass dennoch ein Zuviel an tierischen Fetten unserem Körper schaden kann, ist unbestritten. Vergleicht man etwa die Produkte, die von artgerecht oder biologisch gehaltenen Tieren gewonnen werden, mit Fleisch oder Milcherzeugnissen, die aus billiger Massentierhaltung stammen, schneiden beim Gesundheitswert der Fette die Produkte in Bio- oder vergleichbarer Qualität von artgerecht gehaltenen Tieren wesentlich besser ab. Ich empfehle daher, hochwertiges tierisches Fett in Maßen zu genießen, und Butter sowie Schmalz vom Billigvieh möglichst zu meiden. Aber auch bei den hochgelobten Pflanzenölen wie Olivenöl oder Leinöl geht Qualität vor Quantität. Denn wie gesund das Öl wirklich ist, hängt von vielen Faktoren ab.

HOCHWERTIGE UND MINDERWERTIGE ÖLE

Für die industrielle Herstellung von Fetten und Ölen werden vor allem Raps, Sonnenblumenkerne, Soja und Ölpalmen großflächig kultiviert. Häufig geht es dabei um die profitable Ausbeute der Pflanzen und weniger um den gesundheitlichen Mehrwert der Öle. Zahlreiche Fette und Öl aus industrieller Produktion sind daher oft minderwertig. Mohn, Sesam, Kürbiskerne, Chiasamen, Hanf und zahlreiche Nusssorten werden dagegen oft im kleinen Stil zu hochwertigen Ölen verarbeitet, die häufig einen höheren Gesundheitswert aufweisen.

Welche Qualität ein Öl hat, liegt aber häufig nicht nur am Grundprodukt, sondern auch an der Herstellung. Das zeigt sich besonders deutlich am Olivenöl, das in einer riesigen Bandbreite von billigem Gammelöl bis hin zu hochwertigem Delikatess-Öl bester Güteklasse im Handel erhältlich ist. Antioxidantien, Polyphenole und allerhand andere gesundheitsfördernde Inhaltsstoffe eines guten Olivenöls hängen ebenso wie sein Geschmack vor allem vom richtigen Erntezeitpunkt und einer raschen und sauberen Verarbeitung der Frucht ab.

WELCHES FETT EIGNET SICH WOFÜR?

Auch die Verwendung entscheidet darüber, ob ein Öl oder Fett in unserem Organismus Gutes tut. Zum Marinieren von Salat braucht ein Öl, damit es eine gesunde Wirkung hat, andere Eigenschaften als zum Frittieren und Braten. Die vermeintlich ungesunden gesättigten Fettsäuren beispielsweise, wie sie in Kokosöl, Butter oder Schmalz enthalten sind, verhalten sich beim Braten oder Frittieren nämlich wesentlich stabiler als ihre ungesättigten Pendants. Auch dass man Olivenöl nicht zum Braten oder Frittieren verwenden darf, ist ein Mythos, der sich hartnäckig hält. Achtet man darauf, dass der Rauchpunkt von 180 °C nicht überschritten wird, ist Olivenöl eins der gesündesten Fette zum Braten. Die gesunde Mittelmeer-Diät, wie sie in den südeuropäischen Ländern verbreitet ist, weist eine wesentlich bessere Gesundheitsbilanz auf als die bei uns übliche Kost – und dort wird allerorts vorrangig mit Olivenöl gekocht, gebraten und frittiert. Überall dort, wo es geschmacklich passt, verwende ich gerne ein gutes Olivenöl statt Raps- oder Sonnenblumenöl, um den Gesundheitswert meiner Mahlzeit zu erhöhen.

VORSICHT BEI INDUSTRIELL GEHÄRTETEN FETTEN

In einem einzigen Punkt ist sich die Fachwelt bei der Frage nach guten oder bösen Fetten einig: Die sogenannten Transfette werden in allen Ernährungsempfehlungen als schädlich eingestuft. Transfette entstehen als Nebenprodukt, wenn Pflanzenöle industriell gehärtet werden. Sie kommen vor allem in industriell gefertigten Produkten wie Fastfood, Knabbergebäck, Chips, billigem Frittierfett sowie zahlreichen Fertiggerichten vor. Ein Grund mehr, warum wir selbst gekochtes Essen mit guten Grundzutaten industriell gefertigten Gerichten vorziehen sollten.

Kürbis-Lauch-Gratin

FÜR 2 PORTIONEN

1 kleiner Hokkaido- oder Butternusskürbis

1 Stange Lauch

3 Zweige frischer Thymian

150 g Hartkäse

Salz

frisch gemahlener schwarzer Pfeffer

3 EL Natives Olivenöl Extra,
plus etwas für die Form

ZUBEREITUNG

Den Kürbis schälen, von Samen befreien und in mundgerechte Stücke schneiden. Den Lauch putzen, waschen und in Scheiben schneiden. Den Thymian abbrausen, trocken tupfen und die Blättchen abzupfen. Den Hartkäse reiben.

Den Backofen auf 200 °C vorheizen. Das Gemüse mit dem Thymian mischen, mit Salz und Pfeffer würzen und in eine gefettete Auflaufform geben. Mit Olivenöl beträufeln, mit Käse bestreuen und 20–30 Min. backen, bis der Kürbis gar und der Käse geschmolzen und gebräunt ist.

Karamellisiertes Paprikakraut

FÜR 2 PORTIONEN

1 Zwiebel

1 kleine mehligkochende Kartoffel

2 EL Olivenöl

1 EL Rohrohrzucker

1 TL Paprikapulver (rosenscharf)

½ TL gemahlener Kümmel

1 EL Tomatenmark

125 ml Gemüsebrühe

250 g Sauerkraut

1 TL getrockneter Majoran

1 Lorbeerblatt

2 Wacholderbeeren

ZUBEREITUNG

Die Zwiebel schälen und fein hacken. Die Kartoffel schälen und fein reiben.

Das Olivenöl in einem Topf erhitzen und die Zwiebel darin anschwitzen. Den Zucker zufügen und karamellisieren lassen. Paprika und Kümmel unterrühren. Das Tomatenmark zufügen und kurz mitrösten. Die Gemüsebrühe angießen und aufkochen. Sauerkraut, Majoran, Lorbeerblatt und Wacholderbeeren zugeben. Mit Salz und Pfeffer würzen. Zum Schluss die Kartoffel unterheben. Das Paprikakraut bei geringer Hitze 30–40 Min. weich dünsten.

Apfel-Curry-Kraut

FÜR 2 PORTIONEN

75 g Zwiebeln

150 g Äpfel

1 EL Natives Kokosöl Extra

½ EL brauner Zucker

2 EL Currypulver

150 ml Gemüsebrühe

250 g Sauerkraut

ZUBEREITUNG

Die Zwiebeln schälen und fein hacken. Die Äpfel schälen, vom Kerngehäuse befreien und in kleine Würfel schneiden.

Kokosöl in einem Topf erhitzen und die Zwiebeln darin goldbraun rösten. Die Apfelwürfel zufügen und etwas mitrösten. Den Zucker zugeben und karamellisieren lassen. Currypulver untermengen und kurz anrösten. Die Gemüsebrühe angießen und aufkochen. Das Sauerkraut zugeben und bei niedriger Hitze 30–40 Min. weich dünsten.

Sauerkraut im Knoblauch-Kräuterjoghurt

FÜR 2 PORTIONEN

75 g Zwiebeln

3 Knoblauchzehen

1 kleiner Bund Schnittlauch

1 kleiner Bund Petersilie

1 Stängel frisches Bohnenkraut

3 EL Natives Olivenöl Extra

250 g Sauerkraut

75 ml Gemüsebrühe

1 Lorbeerblatt

½ TL gemahlener Kümmel

75 g cremiger Joghurt

Salz

frisch gemahlener schwarzer Pfeffer

ZUBEREITUNG

Zwiebeln und Knoblauch schälen und fein hacken. Die Kräuter abbrausen und trocken tupfen. Den Schnittlauch in feine Röllchen schneiden, die Petersilie und das Bohnenkraut hacken.

Olivenöl in einem Topf erhitzen. Zwiebel und Knoblauch darin anrösten. Sauerkraut zugeben und Gemüsebrühe angießen. Lorbeerblatt, Kümmel und Bohnenkraut zugeben. Das Sauerkraut bei niedriger Hitze 30–40 Min. weich dünsten. Kurz vor dem Anrichten gehackte Petersilie und Schnittlauch unterheben, Joghurt unterrühren und mit Salz und Pfeffer würzen.

Süßkartoffel-Schmarren

FÜR 2 PORTIONEN

800 g Süßkartoffeln

1 rote Zwiebel

Natives Olivenöl Extra

Salz

frisch gemahlener schwarzer Pfeffer

ZUBEREITUNG

Süßkartoffeln mit Schale je nach Größe und Sorte 15–20 Min. bissfest kochen oder dämpfen, gegebenenfalls mit einem scharfen Messer hineinstechen, um zu prüfen, ob sie gar sind. Mit kaltem Wasser abschrecken, um den Garprozess zu stoppen, und in Scheiben schneiden. Die Zwiebel schälen und fein hacken.

Olivenöl in einer Pfanne erhitzen und die Zwiebel darin andünsten. Die Süßkartoffelscheiben zugeben. Kartoffeln und Zwiebeln rösten, bis sie leicht gebräunt sind, und mit Salz und Pfeffer würzen.

—— **GUT ZU WISSEN**

Süßkartoffeln werden auch in unseren Breiten immer beliebter. Ursprünglich stammen sie aus Mittelamerika, gedeihen aber auch in heimischen Gärten. Gesundheitlich haben sie wesentlich mehr zu bieten als die „normale" Kartoffel. Ich verwende sie daher gern als gesündere und sehr schmackhafte Kartoffelalternative.

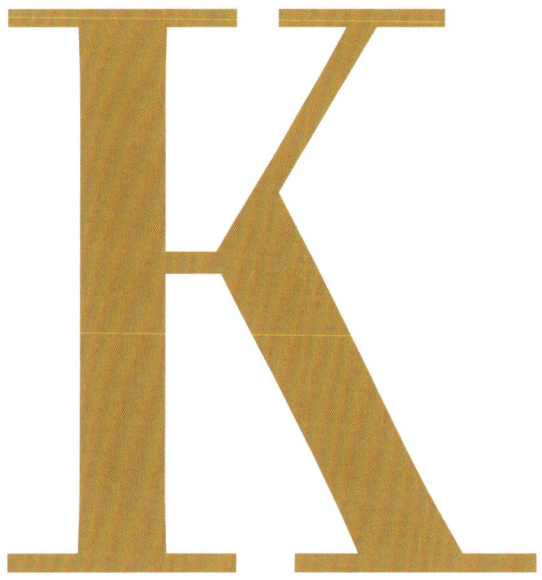

Knödel & Strudel

Grundrezept Kartoffelknödel

FÜR 6–10 KNÖDEL

500 g mehligkochende Kartoffeln

125 g Kartoffelstärke

50 g Dinkelgrieß

1 Prise frisch geriebene Muskatnuss

½ TL Salz

AUSSERDEM

Dämpfeinsatz oder Dampfgarer

ZUBEREITUNG

Die Kartoffeln kochen, schälen und zweimal durch die Kartoffelpresse drücken. Mit Kartoffelstärke und Dinkelgrieß zu einem geschmeidigen Teig verarbeiten, mit Muskatnuss und Salz würzen. Den Teig zu Knödeln formen und im Dampfgarer oder im Topf mit Dämpfeinsatz 15 Min. garen.

Schinken-Kartoffelknödel

FÜR DIE KNÖDEL

siehe Grundrezept Kartoffelknödel

FÜR DIE FÜLLUNG

150 g Schinken oder Geselchtes

1 weiße Zwiebel

2 Knoblauchzehen

1 EL Butter

3 EL Natives Olivenöl Extra

½ TL gemahlener Kümmel

frisch gemahlener schwarzer Pfeffer

AUSSERDEM

Dämpfeinsatz oder Dampfgarer

ZUBEREITUNG

Die Kartoffelknödelmasse nach Grundrezept zubereiten. Den Schinken oder das Geselchte in der Küchenmaschine oder mit dem Fleischwolf zerkleinern. Zwiebel und Knoblauch schälen und fein hacken.

Butter und Öl in einer Pfanne erhitzen. Zwiebel und Knoblauch darin anschwitzen. Schinken oder Geselchtes zufügen. Mit Kümmel und Pfeffer würzen. Da Schinken oder Selchfleisch meist sehr salzig sind, ist zusätzliches Salzen nicht nötig.

Aus der Kartoffelknödelmasse Kugeln formen. Die Kugeln flach ausdrücken, mit einem Löffel die Füllung daraufgeben. Den Teig um die Füllung formen, abdichten und zu einem Knödel rollen. Im Dampfgarer oder im Topf mit Dämpfeinsatz 15 Min. garen.

Vegetarische Tofuknödel auf Oma Gretls Art

FÜR DIE KNÖDEL

siehe Grundrezept Kartoffelknödel
(siehe S. 148)

FÜR DIE FÜLLUNG

1 Zwiebel

2 Knoblauchzehen

1 Stück Ingwer (2 cm)

150 g Räuchertofu

1 Bund Petersilie

Natives Olivenöl Extra

2 Eier

Salz

frisch gemahlener schwarzer Pfeffer

AUSSERDEM

Dämpfeinsatz oder Dampfgarer

ZUBEREITUNG

Die Kartoffelknödelmasse nach Grundrezept (siehe S. 148) zubereiten. Zwiebel, Knoblauch und Ingwer schälen und fein hacken. Tofu würfeln. Petersilie abbrausen, trocken tupfen und fein hacken.

Etwas Olivenöl in einer Pfanne erhitzen. Zwiebel, Knoblauch und Ingwer darin goldbraun rösten. Den Tofu zufügen und kurz mitrösten. Den Pfanneninhalt in eine Schüssel füllen und beiseitestellen. Die Pfanne wieder auf den Herd stellen, die Eier verquirlen und in der Pfanne braten, dabei mehrmals durchrühren. Die Zwiebel-Tofu-Mischung sowie die Petersilie unter die Eier rühren. Mit Salz und Pfeffer würzen.

Aus der Kartoffelknödelmasse Kugeln formen. Die Kugeln flach ausdrücken, mit einem Löffel die Füllung daraufgeben. Den Teig um die Füllung formen, abdichten und zu einem Knödel rollen. Im Dampfgarer oder im Topf mit Dämpfeinsatz 15 Min. garen.

—— GUT ZU WISSEN

Dieses Rezept ist eine Abwandlung der „Einfüll-Knödel" meiner Waldviertler Oma Gretl – eines meiner Lieblingsgerichte als Kind. Statt Tofu verwendete die Oma allerdings geräuchertes Fleisch und diverse Wurstreste. Mit Räuchertofu schmecken die Knödel trotzdem „geräuchert", sind aber bekömmlicher als mit Wurstprodukten und auch für eine fleischlose Küche bestens geeignet

Apfel-Trauben-Strudel

FÜR 2 STRUDEL

1 kg säuerliche Äpfel

Zitronensaft zum Beträufeln

250 g sonnengereifte Isabella-Trauben
oder andere blaue, aromatische Weintrauben

½ TL Zimt

½ Tonkabohne

1–3 EL Vollrohrzucker,
je nach Süße der Äpfel

4 EL Butter

2 EL Vollkorn-Dinkelbrösel

2 EL gemahlene Mandeln

4–6 Vollkornstrudelteigblätter (Kühlregal)

ZUBEREITUNG

Die Äpfel schälen, vom Kerngehäuse befreien, in kleine Stücke schneiden und mit etwas Zitronensaft beträufeln. Die Trauben halbieren, von Kernen befreien und mit den Äpfeln vermischen. Äpfel und Trauben mit Zimt, frisch geriebener Tonkabohne und Zucker vermengen. 2 EL Butter in einer Pfanne erhitzen. Die Brösel und Mandeln darin anrösten.

Den Backofen auf 200 °C vorheizen. Die Strudelteigblätter auf ein sauberes Geschirrtuch legen. Die restliche Butter schmelzen. Die Strudelteigblätter mit der zerlassenen Butter bepinseln und jeweils 2–3 Lagen Teigblätter übereinanderlegen. Die Apfel-Trauben-Füllung jeweils auf dem unteren Drittel der Teigblätter verteilen, dabei 5 cm Abstand zu den Rändern lassen, mit der Brösel-Mandel-Mischung bestreuen. Die Teigblätter links und rechts einschlagen, die Strudel mithilfe des Geschirrtuchs vorsichtig von unten zusammenrollen. Die Strudel auf ein mit Backpapier ausgelegtes Backblech legen, mit der restlichen zerlassenen Butter bestreichen und 15–20 Min. goldbraun backen.

—— **GUT ZU WISSEN**

Tonkabohnen sind ein sehr aromatisches Gewürz, das intensiv nach Marzipan und Vanille schmeckt. Wenn Sie keine Tonkabohne zur Hand haben, können Sie auch etwas Vanillemark verwenden.

Wenn es draußen ungemütlich ist,
kann ein gutes ESSEN
Körper und Seele ERWÄRMEN.

Klassische Semmelknödel

FÜR 8–10 KNÖDEL

200 g Dinkelknödelbrot
oder altbackenes Dinkelweißbrot

150 ml warme Milch,
alternativ Pflanzenmilch (z. B. Dinkelmilch)

50 g Butter, zerlassen,
plus 1 EL

1 kleine weiße Zwiebel

1 großer Bund Petersilie

2 Eier (Größe S)

1 Prise frisch geriebene Muskatnuss

Salz

frisch gemahlener schwarzer Pfeffer

AUSSERDEM

Dämpfeinsatz oder Dampfgarer

ZUBEREITUNG

Das Dinkelknödelbrot in einer Schüssel mit der warmen Milch und der zerlassenen Butter übergießen und 10 Min. ziehen lassen. In der Zwischenzeit die Zwiebel schälen und fein hacken. Die Petersilie abbrausen und trocken tupfen, die Blättchen abzupfen und fein hacken.

Butter in einer Pfanne erhitzen und die Zwiebel darin anrösten. Die Petersilie untermengen und die Mischung zur Knödelmasse geben. Die Eier gut unterrühren. Mit Muskatnuss, Salz und Pfeffer würzen. Aus der Masse mittelgroße Knödel formen. Die Knödel im Dampfgarer oder in einem Topf mit Dämpfeinsatz ca. 15 Min. garen.

Mediterrane Semmelknödel

Statt der Petersilie 1 Handvoll gehackte Salbeiblätter unter die Knödelmasse rühren. Anschließend 3 getrocknete Tomaten fein würfeln und mit 2 EL geriebenem Parmesan sowie dem Abrieb von ½ Bio-Zitrone zur Knödelmasse geben.

Maroni-Semmelknödel

100 g gegarte Maroni in der Küchenmaschine oder mit dem Messer zerkleinern und mit der Knödelmasse vermischen.

Schwarzbrot-knödelsoufflé

FÜR 2 PORTIONEN

125 g dunkles Roggenbrot

40 g Schalotten

½ Bund Petersilie

1 TL Butter plus etwas für die Formen

75 ml Milch

2 Eier

Salz

frisch gemahlener schwarzer Pfeffer

AUSSERDEM

2 Souffléformen

ZUBEREITUNG

Das Brot in kleine Würfel schneiden und in eine Schüssel geben. Die Schalotten schälen und fein hacken. Die Petersilie abbrausen, trocken tupfen und fein hacken.

Die Butter in einer Pfanne erhitzen. Die Schalotten darin anrösten. Petersilie zufügen und kurz mitrösten. Mit Milch ablöschen, kurz aufkochen lassen und die Mischung über die Brotwürfel gießen. Die Eier trennen. Die Eigelbe in die Knödelmasse rühren. Mit Salz und Pfeffer würzen. Das Eiweiß steif schlagen und unter die Knödelmasse heben.

Die Masse in gefettete Souffléformen füllen, locker mit Frischhaltefolie abdecken, sodass das Soufflé genug Platz zum Aufgehen hat, und bei 90 °C 20 Min. im Dampfgarer oder in einem Topf mit Dämpfeinsatz dämpfen. Vorsichtig aus den Formen nehmen und servieren.

Topfen-Mohnknödel

FÜR 4 STÜCK ODER 2 PORTIONEN

FÜR DEN KNÖDELTEIG

10 g Butter

1 Ei (Größe S)

100 g Topfen

40 g feines Dinkelmehl

FÜR DIE FÜLLUNG

25 ml Milch

1 EL Vollrohrzucker

4 g Butter

40 g gemahlener Mohn

1 Msp. Vanillemark

etwas Bio-Zitronenabrieb

ZUM SERVIEREN

30 g gemahlener Mohn

1 EL Puderzucker

AUSSERDEM

Dämpfeinsatz oder Dampfgarer

ZUBEREITUNG

Für den Teig die Butter zerlassen und mit dem Ei verrühren. Topfen unterrühren und mit dem Mehl zu einem glatten Teig verarbeiten. Mit Frischhaltefolie abdecken und im Kühlschrank 3 Std. ruhen lassen.

Für die Füllung Milch mit Zucker und Butter in einem Topf erwärmen und den Mohn einrühren. Vanillemark und etwas Bio-Zitronenabrieb zugeben. Aus der Masse 4 kleine Kugeln formen. Die Kügelchen in Frischhaltefolie wickeln und im Tiefkühlschrank kurz anfrieren lassen.

Den Teig in 4 Portionen teilen und die angefrorenen Mohnkugeln damit ummanteln. Da der Teig sehr klebrig ist, die Hände immer wieder nass machen. Die Knödel im Dampfgarer oder im Topf mit Dämpfeinsatz 15 Min. garen.

Vor dem Servieren Mohn und Puderzucker vermischen und die gedämpften Knödel darin wälzen. Mit Kompott oder auf einem Fruchtspiegel servieren.

—— **TIPP**

Die Mohnknödeln lassen sich hervorragend einfrieren. Ich bereite immer eine größere Menge zu und habe dann ein unkompliziertes und rasch zubereitetes Dessert, wenn ich für Gäste aufkoche.

Mediterraner Gemüsestrudel

FÜR 2 STRUDEL

1 große rote Zwiebel

1 mittelgroße Aubergine

1 kleine gelbe Zucchini

3 EL Natives Olivenöl Extra plus etwas zum Beträufeln

4 mittelgroße Kartoffeln

1 Bund Oregano

10 Blätter Salbei

50 g getrocknete Tomaten

50 g Pinienkerne

Salz

frisch gemahlener schwarzer Pfeffer

4–6 Vollkornstrudelteigblätter (Kühlregal)

2 EL Butter

AUSSERDEM

Dämpfeinsatz oder Dampfgarer

ZUBEREITUNG

Den Backofen auf 200 °C vorheizen. Die Zwiebel schälen und hacken. Aubergine und Zucchini vom Stielansatz befreien, in Würfel schneiden und in eine ofenfeste Form geben. Mit etwas Olivenöl beträufeln und ca. 30 Min. im Ofen garen. Die Kartoffeln mit Schale in einem Topf mit Dämpfeinsatz oder im Dampfgarer bissfest garen, anschließend schälen und in Würfel schneiden. Oregano und Salbei abbrausen, trocken tupfen und die Blättchen abzupfen. Die Salbeiblätter in Streifen schneiden. Getrocknete Tomaten in Streifen schneiden.

Olivenöl in einer großen Pfanne erhitzen. Zwiebel und Pinienkerne darin rösten. Das Ofengemüse und die gedämpften Kartoffelwürfel zufügen. Frische Kräuter, getrocknete Tomaten und getrockneten Oregano unterrühren. Mit Salz und Pfeffer würzen.

Die Strudelteigblätter auf ein sauberes Geschirrtuch legen. Die Butter schmelzen. Die Strudelteigblätter mit der zerlassenen Butter bepinseln und jeweils 2–3 Lagen Teigblätter übereinanderlegen. Die Gemüse-Masse jeweils auf dem unteren Drittel der Teigblätter verteilen, dabei ca. 5 cm Abstand zu den Rändern lassen. Die Teigblätter links und rechts einschlagen und die Strudel mithilfe des Geschirrtuchs vorsichtig von unten zusammenrollen. Die Strudel auf ein mit Backpapier ausgelegtes Backblech legen. Mit zerlassener Butter einpinseln und bei 200 °C 15–20 Min. goldbraun backen.

—— TIPPS

Dazu passt griechisches Tsatsiki oder die Tomaten und Gurken in sommerlichem Kräuterjoghurt (siehe S. 31).

Kartoffel-Lauch-Strudel mit Steinpilzen

FÜR 2 STRUDEL

500 g Kartoffeln

1 Stange Lauch

400 g frische Steinpilze oder Champignons

1 Handvoll Zitronenthymian

1 Bund Petersilie

3 EL Natives Olivenöl Extra

Salz

frisch gemahlener schwarzer Pfeffer

4–6 Strudelblätter aus Dinkelvollkornmehl (Kühlregal)

2 EL Butter

AUSSERDEM

Dämpfeinsatz oder Dampfgarer

ZUBEREITUNG

Die Kartoffeln mit Schale in einem Topf mit Dämpfeinsatz oder im Dampfgarer bissfest garen. In der Zwischenzeit den Lauch putzen und in Ringe schneiden. Die Pilze putzen, mit einem Geschirrtuch abreiben und in Scheiben schneiden. Die gedämpften Kartoffeln schälen und ebenfalls in Scheiben schneiden. Die Kräuter abbrausen und trocken tupfen. Die Petersilie hacken.

Olivenöl in einem Topf erhitzen und zuerst Lauch und Pilze darin anrösten. Kartoffelscheiben zufügen und mitrösten. Zitronenthymian und Petersilie unterrühren. Mit Salz und Pfeffer würzen.

Den Backofen auf 200 °C vorheizen. Die Strudelteigblätter auf ein sauberes Geschirrtuch legen. Die Butter schmelzen. Die Strudelteigblätter mit der zerlassenen Butter bepinseln und jeweils 2–3 Lagen Teigblätter übereinanderlegen. Die Kartoffel-Masse jeweils auf dem unteren Drittel der Teigblätter verteilen, dabei 5 cm Abstand zu den Rändern lassen. Die Teigblätter links und rechts einschlagen, die Strudel anschließend mithilfe des Geschirrtuchs vorsichtig von unten zusammenrollen. Die Strudel auf ein mit Backpapier ausgelegtes Backblech legen, mit zerlassener Butter einpinseln und 15–20 Min. goldbraun backen. Die Strudel etwas abkühlen lassen, damit sie beim Aufschneiden nicht so leicht zerfallen. Mit einem Messer mit Wellenschliff aufschneiden.

—— TIPP

Dazu passt eine Kräuterrahmsoße und ein knackiger Salat. Oder Sie servieren den Kartoffelstrudel als Beilage zu einem deftigen Schmorgericht.

Maßvoll und hochwertig genießen

Hausmannskost, die wir von Kindesbeinen an kennen und lieben gelernt haben, gekocht mit Zutaten, die leicht und zu erschwinglichen Preisen erhältlich sind – das sind wahre Wohlfühlgerichte. Damit Geschmack, Bekömmlichkeit und Gesundheit dabei jedoch nicht auf der Strecke bleiben, achte ich auf gute Qualität und maßvollen Genuss.

HOCHWERTIGE UND FRISCHE ZUTATEN

Da ich stets ein wohlschmeckendes Gericht am Teller haben möchte, das mir, meinem Mann oder meinen Gästen guttut, achte ich von Anfang an auf die Qualität der Zutaten. Ich kaufe Lebensmittel ein, die nicht industriell verarbeitet und so frisch wie möglich sind. Das kann Bio-Ware aus dem Supermarkt sein, Produkte vom Bauern des Vertrauens oder am besten frisch Geerntetes aus dem eigenen Garten oder vom Bauernmarkt. Die Suche nach hochwertigen Zutaten kann eine Leidenschaft werden, die zwar Zeit kostet, aber uns und unsere Lieben dafür mit gesunden und wohlschmeckenden Mahlzeiten belohnt.

MEHR PFLANZLICHES UND WENIGER FLEISCH

Da ich als Ernährungsberaterin und Freundin einer gesunden Lebensqualität weiß, wie gut es uns tut, wenn der Großteil unserer Nahrung pflanzlicher Natur ist, spielen Obst, Gemüse, frische Kräuter, Gewürze, vollwertiges Getreide, Hülsenfrüchte, Nüsse, Samen und hochwertige Pflanzenöle in meiner Küche eine besondere Rolle. Mit überwiegend pflanzlicher Kost und vergleichsweise geringen Mengen an Fleisch im Einkaufskorb bleibt die Rechnung am Ende des Einkaufs auch bei hochwertiger

Qualität in der Regel immer noch in leistbaren Sphären. Wenn Sie darüber hinaus gerne selbst im Wald und auf der Wiese nach Essbarem suchen und die herrlichen Gratisdelikatessen von Mutter Natur wie Eierschwammerl, Steinpilze,

Bärlauch oder wild gewachsene Beeren gerne verarbeiten, entpuppt sich das Argument, dass gesunde und gute Zutaten zu teuer sind, von selbst als Ausrede für schlechte Ernährungsgewohnheiten.

IN GESUNDEN MENGEN

Dass die Dosis das Gift macht, wusste bekanntlich schon der Schweizer Arzt Paracelsus im 16. Jahrhundert. Das betrifft nicht nur Medikamente und Heilpflanzen, sondern alles, was wir zu uns nehmen. Wenn wir die Essensmenge, noch ungeachtet der Qualität, betrachten, die sich manche von uns einverleiben, wird rasch klar, warum viele Menschen dauerhaft unter Beschwerden und Krankheiten leiden. Wir essen häufig einfach zu viel. Die gesündeste Vollwertnahrung, das biologischste Fleisch und die wertvollsten Fettsäuren tun uns nicht gut, wenn wir sie im Übermaß genießen.

> # Wer jemals gefastet hat, weiß, wie gut Essen schmeckt, wenn wir eine Zeit lang darauf verzichtet haben.

VERZICHT FÖRDERT DEN GENUSS

Völlerei und Überfluss beim Essen haben nicht nur gesundheitliche, ökologische und ökonomische Nachteile, sondern wirken sich auch negativ auf unsere Genussfähigkeit aus. Anders formuliert können Verzicht und Enthaltsamkeit unsere Genussfähigkeit fördern. Wer schon einmal eine Woche lang gefastet hat, weiß, wie gut unser Essen schmeckt, wenn wir eine Zeit lang darauf verzichtet haben. Besonders bewusst wird mir die Magie des Verzichts auch jedes Mal dann, wenn ich Delikatessen, die jahreszeitlich begrenzt verfügbar sind, wie Spargel im Frühling oder frische Steinpilze im Herbst, dankbar und mit viel Vorfreude genießen darf. Und wer seine selbst gekochten und besonderen Schmankerln noch mit einem ganz speziellen Trick unwiderstehlich machen will, kann von Friedrich Torbergs „Tante Jolesch" lernen. Der Anekdote nach hatte die Tante Jolesch ihr Leben lang das Geheimnis ihrer beliebten Krautfleckerln nicht preisgegeben. Auf dem Sterbebett gefragt, warum ihre Krautfleckerln immer so gut gewesen seien, antwortete die Tante Jolesch: „Weil ich nie genug gemacht hab …", bevor sie lächelnd verschied.

Krautstrudel mit Mangalica-Speck und Kräuterrahm

FÜR 2 STRUDEL

4 rote Zwiebeln

1 kleiner oder ½ großer Weißkrautkopf

50 g Mangalica-Speck
oder anderer hochwertiger Speck

3 EL Natives Olivenöl Extra

1 EL Vollrohrzucker

1 TL gemahlener Kümmel

Salz

frisch gemahlener schwarzer Pfeffer

1–2 EL Butter

4–6 Vollkornstrudelteigblätter (Kühlregal)

FÜR DEN KRÄUTERRAHM

1 Bund frische Kräuter nach Wunsch

200 g Sauerrahm

Salz

ZUBEREITUNG

Die Zwiebeln schälen und fein hacken. Das Weißkraut von den äußeren Blättern und vom Strunk befreien und mit dem Krauthobel oder dem Messer fein nudelig schneiden. Den Speck in sehr kleine Würfel schneiden.

Das Olivenöl in einer Pfanne erhitzen und die Zwiebeln darin glasig anschwitzen. Zucker zufügen und karamellisieren lassen. Den Speck und das Kraut zugeben und gut anrösten. Mit Kümmel, Salz und Pfeffer würzen. Vom Herd nehmen und etwas abkühlen lassen.

Den Backofen auf 200 °C vorheizen. Die Strudelteigblätter auf ein sauberes Geschirrtuch legen. Die Butter schmelzen. Die Strudelteigblätter mit der zerlassenen Butter bepinseln und jeweils 2–3 Lagen Teigblätter übereinanderlegen. Die Kraut-Masse auf dem unteren Drittel der Teigblätter verteilen, dabei ca. 5 cm Abstand vom unteren Rand lassen. Die Teigblätter links und rechts einschlagen und den Teig anschließend mithilfe des Geschirrtuchs von unten zusammenrollen. Die fertigen Strudel auf ein mit Backpapier ausgelegtes Backblech legen, mit zerlassener Butter bepinseln und 15 Min. backen. Den fertigen Strudel ein wenig abkühlen lassen und erst dann aufschneiden.

Für den Kräuterrahm die Kräuter abbrausen und trocken tupfen, die Blättchen abzupfen und fein schneiden. Kräuter und Sauerrahm verrühren und mit Salz würzen. Mit dem Strudel servieren.

—— TIPP

Der Speck soll dem Strudel nur etwas herzhaften Geschmack geben, daher wird nur sehr wenig verwendet. Für einen vegetarischen Strudel können Sie ihn auch weglassen.

162

Herzhafte Brotzeit & Süßes

Unser täglich Brot ...

Brot ist wohl eines der ältesten und archaischsten Nahrungsmittel und darf daher in einer echten und bodenständigen Wohlfühlküche nicht fehlen. Mit echtem und bodenständigem Brot meine ich jedoch keine Industriebackware aus dem nächsten Supermarkt, die zahlreiche Zusatzstoffe enthält, die uns die Industrie nicht einmal mehr verraten muss. Ich möchte in meinem täglichen Brot keine industriellen Backtriebmittel, keine künstlichen Konservierungsstoffe, keine Farbstoffe oder andere Chemikalien haben. Daher kaufe ich Brot bei ausgewählten Bio-Bäckern. Noch lieber backe ich es allerdings selbst. Das ist keine Hexerei und der kulinarische Genuss ebenso wie die Bekömmlichkeit sind mit Supermarktware nicht vergleichbar.

Ich backe Brot gern mit Dinkel- oder Roggenmehl und verwende für Schwarzbrot auch fertigen Bio-Trockensauerteig, wenn ich für die Herstellung von frischem Sauerteig zu wenig Zeit habe.

Helmuts schlichtes Dinkelweißbrot

VARIANTE 1

500 g weißes Dinkelmehl

50 g Dinkelvollkornmehl

½ Würfel Hefe oder 1 Pck. Trockenhefe

2 TL Salz

330 ml lauwarmes Wasser

VARIANTE 2

500 g weißes Dinkelmehl

½ Würfel Hefe oder 1 Pck. Trockenhefe

2 TL Salz

300 ml lauwarmes Wasser

ZUBEREITUNG

Mehl, Hefe, Salz und Wasser verrühren, bis sich der Teig von der Schüssel löst. Den Teig abgedeckt 1 Std. an einem warmen Ort gehen lassen. Anschließend den Teig nochmals durchkneten und in eine gefettete Kastenform geben. Erneut 1 Std. an einem warmen Ort abgedeckt gehen lassen. In der Zwischenzeit den Backofen auf 170 °C vorheizen. Das Brot ca. 40 Min. backen.

—— GUT ZU WISSEN

Dieses einfache Rezept stammt von meinem lieben Freund Helmut, der uns mit seinen schmackhaften Brotrezepten immer wieder verwöhnt.

Chili-Liptauer mit Koriander

FÜR 4 PORTIONEN

2 Frühlingszwiebeln

2 Gewürzgurken (Glas)

10 Salzkapern (Glas)

1 Knoblauchzehe

je ½ rote und grüne Chilischote

1–2 Stängel frischer Koriander

150 g Butter

250 g Topfen

1 TL Dijonsenf

1 EL Paprikapulver (edelsüß)

1 TL gemahlener Kreuzkümmel

Salz

etwas Limettensaft

ZUBEREITUNG

Die Frühlingszwiebeln putzen und fein hacken. Die Gurken in feine Würfel schneiden. Die Salzkapern fein hacken. Den Knoblauch schälen und durch die Presse drücken. Die Chilischoten von Samen und Scheidewänden befreien und sehr fein hacken. Den Koriander abbrausen und trocken tupfen, die Blättchen abzupfen, einige beiseite stellen, den Rest fein hacken.

Butter und Topfen im Mixer cremig rühren. Senf, Paprika, Chili und Kreuzkümmel unterrühren. Knoblauch und Frühlingszwiebeln einrühren und den Liptauer mit Salz würzen und mit einem Spritzer Limettensaft abschmecken. Die Salzkapern, die Gewürzgurken und den gehackten Koriander unterheben. Den Chili-Liptauer mit den restlichen Korianderblättchen dekorieren.

Camembert-Liptauer

FÜR 4 PORTIONEN

150 g Camembert

1 kleine Zwiebel

1 Knoblauchzehe

2 Gewürzgurken (Glas)

1 EL Salzkapern (Glas)

1 TL Kümmelsamen

1 TL Dijonsenf

60 g Butter

2 TL Paprikapulver (edelsüß)

Salz, schwarzer Pfeffer

ZUBEREITUNG

Den Camembert von der Weißschimmelrinde befreien und in Stücke schneiden. Zwiebel und Knoblauch schälen und fein hacken. Gurken und Salzkapern ebenfalls fein hacken. Die Kümmelsamen im Mörser grob zerstoßen.

Camembert, Senf und Butter im Mixer cremig verrühren. Zwiebel, Knoblauch, Kapern, Gurken, Kümmel und Paprika unterrühren. Die Creme mit Salz und Pfeffer würzen.

Hanf-Liptauer

FÜR 4 PORTIONEN

1 kleine Zwiebel

2 Knoblauchzehen

1 EL Salzkapern (Glas)

1 Sardellenfilet

80 g Butter

150 g Topfen

1 TL Dijonsenf

1 TL Kümmelsamen

3 TL Paprikapulver (edelsüß)

20 g Hanfprotein

2 EL Hanföl

Salz, schwarzer Pfeffer

ZUBEREITUNG

Zwiebel und Knoblauch schalen und fein hacken. Kapern und Sardellenfilet ebenfalls hacken.

Zwiebel, Knoblauch, Kapern und Sardelle mit den restlichen Zutaten in der Küchenmaschine oder mit dem Handmixer zu einem cremigen Aufstrich verrühren. Mit Salz und Pfeffer würzen.

Lachsaufstrich

FÜR 4 PORTIONEN

1 Schalotte

1 Stängel Dill

200 g Räucherlachs

200 g Frischkäse

frisch gemahlener schwarzer Pfeffer

Abrieb und Saft von 1 Bio-Zitrone

ZUBEREITUNG

Die Schalotte schälen und fein hacken. Dill abbrausen und trocken tupfen, die Blättchen abzupfen und fein hacken.

Räucherlachs und Frischkäse in der Küchenmaschine cremig pürieren. Dill und Schalotte unterrühren. Den Aufstrich mit Pfeffer würzen und mit dem Zitronenabrieb und etwas Zitronensaft abschmecken.

—— **TIPP**

Diesen Aufstrich können Sie mit jeder Art von geräuchertem Fisch zubereiten. Die Zugabe von Salz ist meist nicht nötig, da Frischkäse und Räucherlachs schon salzig sind.

Steinpilzaufstrich

FÜR 4 PORTIONEN

1 Zwiebel

2 Knoblauchzehen

250 g Steinpilze

1 kleiner Bund Petersilie

50 ml Natives Olivenöl Extra

60 g Walnusskerne

Saft und Abrieb von ½ Bio-Zitrone

Salz

frisch gemahlener weißer Pfeffer

ZUBEREITUNG

Zwiebel und Knoblauch schälen und fein hacken. Die Steinpilze putzen, mit einem Geschirrtuch abreiben und in Scheiben schneiden. Die Petersilie abbrausen und trocken tupfen, die Blättchen abzupfen und fein hacken.

Olivenöl in einer Pfanne erhitzen. Zwiebel und Knoblauch darin anrösten. Die Pilze zufügen und kurz anbraten. Die Nüsse zugeben und mitrösten. Zitronensaft und -abrieb untermengen und die Masse mit dem Stabmixer zu einer Paste pürieren. Je nach gewünschter Konsistenz eventuell noch einen Schuss Olivenöl zufügen. Zum Schluss die Petersilie unterrühren und den Aufstrich mit Salz und Pfeffer würzen.

Ei-Aufstrich mit Rosmarin

FÜR 4 PORTIONEN

4 Eier

2 Knoblauchzehen

1 Zweig Rosmarin

1 EL Mayonnaise

1 EL Natives Olivenöl Extra

1 EL Zitronensaft

Salz

frisch gemahlener weißer Pfeffer

ZUBEREITUNG

Die Eier hart kochen, abschrecken und pellen. Die Knoblauchzehen schälen. Den Rosmarin abbrausen, trocken tupfen und die Nadeln fein hacken. Eier, Knoblauch, Mayonnaise und Olivenöl im Mixer cremig pürieren. Rosmarin und Zitronensaft unterrühren. Den Aufstrich mit Salz und Pfeffer würzen.

Getrüffelter Pilz-Ei-Aufstrich

FÜR 4 PORTIONEN

4 Eier

5 braune Champignons

3 EL Natives Olivenöl Extra

1 EL Sauerrahm

1 EL Trüffelöl

Salz

frisch gemahlener schwarzer Pfeffer

ZUBEREITUNG

Die Eier hart kochen, abschrecken und pellen. Die Pilze putzen, mit einem Geschirrtuch abreiben und klein hacken.

2 EL Olivenöl in einer kleinen Pfanne erhitzen und die Pilze darin anrösten. Die gekochten Eier mit einer Gabel zerdrücken und mit Sauerrahm, 1 EL Olivenöl und Trüffelöl zu einer Creme verrühren. Die gebratenen Pilze unterrühren und den Aufstrich mit Salz und Pfeffer würzen.

Paprika-Ei-Creme mit Safran

FÜR 4 PORTIONEN

4 Eier

4 Safranfäden

2 EL Obers

1 gelbe Paprika

3 EL Natives Olivenöl Extra

2 TL Dijonsenf

2 EL Mayonnaise

1 EL Zitronensaft

Salz

frisch gemahlener schwarzer Pfeffer

ZUBEREITUNG

Die Eier hart kochen, abschrecken und pellen. Die Safranfäden in Obers einweichen, sodass eine satte, gelbe Färbung entsteht. Die Paprika von Samen und Scheidewänden befreien und in der Küchenmaschine grob zerkleinern.

2 EL Olivenöl in einer kleinen Pfanne erhitzen und die Paprikastücke darin leicht bräunlich anbraten. Die Eier mit Paprika, der Safran-Obers-Mischung, Senf, Mayonnaise, 1 EL Olivenöl und Zitronensaft in der Küchenmaschine cremig pürieren. Den Aufstrich mit Salz und Pfeffer würzen.

Weintrauben-Kompott

FÜR 4 PORTIONEN

600 g Weintrauben
(verschiedene Sorten gemischt)

½ l Wasser

1 Zimtstange

1 Muskatblüte

40 g Rosinen

ZUBEREITUNG

Alle Zutaten in einem Topf aufkochen. Die Hitze reduzieren und das Kompott bei niedriger Temperatur ca. 5 Min. köcheln. Auskühlen lassen.

Apfel-Rhabarber-Kompott

FÜR 2 PORTIONEN

200 g Rhabarber

1 großer Apfel

Saft und Abrieb von ½ Bio-Zitrone

50 g Rosinen

⅛ l Roséwein

⅛ l Wasser

Mark von ½ Vanilleschote

1 TL Rohrohrzucker

½ Zimtstange

2 Gewürznelken

1 kleines Stück Sternanis

ZUBEREITUNG

Rhabarber und Apfel schälen, den Apfel vom Kerngehäuse befreien und beides klein schneiden. Mit den restlichen Zutaten in einen Topf geben und aufkochen. Anschließend die Hitze reduzieren und das Kompott köcheln, bis das Obst weich ist. Auskühlen lassen und genießen.

—— **TIPP**

Kompotte sind leckere und leicht verdauliche Desserts und Snacks für zwischendurch. Sie stillen Hunger und Durst und kommen meist ganz ohne Industriezucker aus. Variieren Sie mit frischem und getrocknetem Obst und Gewürzen.

Omas weltbestes Apfelmus

FÜR 4 GLÄSER À 250 ML

1 kg Äpfel

1 Zimtstange

5 Gewürznelken

3 Stück Sternanis

1 Bio-Zitrone

20 g Rohrzucker

100 ml fruchtiger Weißwein

100–200 ml Wasser
(je nach Dämpfmethode und
gewünschter Konsistenz)

ZUBEREITUNG

Die Äpfel schälen, vom Kerngehäuse befreien und klein schneiden. Zusammen mit den Gewürzen, dem Saft und etwas Schalenabrieb der Bio-Zitrone, Zucker, Wein und Wasser ca. 30 Min. bei geringer Hitze weich kochen. Die Gewürze entfernen und die Äpfel mit dem Stabmixer pürieren.

——— **TIPP**

Um das Mus einige Zeit haltbar zu machen, füllen Sie es in sterilisierte Einmachgläser, verschließen diese und kochen sie weitere 30–40 Min. im Wasserbad im Backofen oder im Dampfgarer bei 100 °C ein. Kühl und dunkel lagern. Das Apfelmus ist eine wertvolle Zwischenmahlzeit oder ein leichtes Dessert.

Regional und saisonal kochen

Es gibt viele gute Gründe, regional produziertes und saisonal verfügbares Obst und Gemüse einzukaufen. Es schmeckt nicht nur besser, sondern vermeidet auch unnötige Transportwege sowie hohen Energie- und Wasserverbrauch beim Anbau. Unsere traditionelle Hausmannskost ist ein reicher Fundus an Gerichten mit regionalen und saisonalen Zutaten.

Vor vielen Jahren besuchte ich meine Cousine, die in Neuseeland lebt. Um dorthin zu gelangen, war ich 36 Stunden unterwegs, davon 24 Stunden in der Luft. Es ist kaum möglich, von hier aus noch weiter weg zu reisen. Als ich nach meiner Reise wieder zu Hause war, hatte ich beim Einkaufen ein Schlüsselerlebnis. Ich erstand eine Knolle Knoblauch im Supermarkt. Vor der Kassa las ich noch schnell das Herkunftsschild und war sprachlos: Der Knoblauch kam aus Neuseeland! Ich spreche hier nicht von seltenem exotischem Obst und Gemüse, dem es bei uns zu kalt wäre, sondern von ganz normalem Knoblauch, der in unseren Breiten hervorragend gedeiht und sich noch dazu das ganze Jahr optimal lagern lässt. Die Knolle war mehr als 18.000 km transportiert worden, um bei uns in den Handel zu kommen. Fassungslos brachte ich den Knoblauch zurück in die Gemüseabteilung und suchte am Markt nach einer heimischen Alternative. Seit diesem Tag lese ich das Herkunftsschild immer sehr genau. Sicherlich hatte ich zuvor bereits mehrmals neuseeländischen Knoblauch gekauft, ohne es zu bemerken.

LUXUS MIT BITTEREM BEIGESCHMACK

Wenn wir darauf achten, Lebensmittel aus heimischem Anbau zu kaufen, essen wir automatisch saisonal. Erdbeeren beispielsweise haben in unseren Breiten von Mai bis August Saison, je nach Sorte und Region. Diese heimischen Erdbeeren schmecken viel besser als die Importfrüchte und müssen nicht viele tausend

> Mutter Natur bringt ihre kulinarischen Geschenke dann hervor, wenn unser Körper sie braucht

Kilometer transportiert werden. Zudem ist es heute vielen Menschen nicht mehr gleichgültig, unter welchen Umständen die Lebensmittel produziert werden, die sie konsumieren.

Wer im Dezember Erdbeeren kauft, muss sich darüber im Klaren sein, dass die Früchte zum

Beispiel aus Gewächshäusern in Südspanien kommen, wo Menschen häufig in sklavenähnlichen Arbeitsverhältnissen ihre körperliche und seelische Gesundheit aufs Spiel setzen (müssen), ausgebeutet werden und gesundheitlich oft unter dem starken Einsatz von Pestiziden zu leiden haben. Wenn wir im tiefen Winter frische Erdbeeren serviert bekommen, ist dieser bittere Beigeschmack mit am Teller. Wem das Wohl anderer Menschen nicht egal ist, sollte auf frische Erdbeeren im Winter verzichten und sich im Frühling dann umso mehr auf die heimische Ernte freuen.

MUTTER NATUR WEISS, WAS UNS GUTTUT

Außerdem verrät mir wieder einmal mein Hausverstand, dass es auch meiner Gesundheit zugutekommt, wenn ich saisonal und regional koche. Denn in vielen Fällen bringt Mutter Natur ihre kulinarischen Geschenke dann hervor, wenn unser Körper sie braucht.

Gurken und Tomaten beispielsweise wachsen in meinem Garten üppig im Sommer. Wenn uns tropische Temperaturen zu schaffen machen und wir uns nach Abkühlung sehnen, sind mir diese Gemüsesorten sehr willkommen. Denn sie kühlen den Körper und versorgen ihn unter anderem mit viel Wasser und gesunden Mineralstoffen. Auch Joghurt und Mineralwasser haben diesen kühlenden Effekt. Im Hochsommer halte ich mich also gerne an Rezepte wie Gemüsecarpaccio-Variationen (siehe S. 34 und 35), sonnengereifte Tomaten und Gurken im sommerlichen Kräuterjoghurt (siehe S. 31) oder Fischfilet auf Saltimbocca-Art (siehe S. 74). Im Winter, wenn meine Finger klamm und meine Zehen kalt sind, bin ich nicht begeistert, wenn man mir solche Dinge serviert, denn mir wird dann noch kälter. In der kalten Jahreszeit esse ich lieber Kraut und Rüben, Wurzelgemüse, Kohlgewächse, Maroni, Nüsse, Samen und

wärmende Wildgerichte. Omas lange gekochte Rinderkraftsuppe mit Markknochen (siehe S. 64), ein feuriges Chili vom Reh (siehe S. 80), Rosenkohl in Butter mit Nüssen und Samen (siehe S. 122) oder eine Maronicreme mit Glückskeksen (siehe S. 182) sind da genau das richtige.

Wer regional und saisonal kochen möchte, findet bei unserer traditionellen Hausmannskost einen reichen Fundus an Gerichten. Welches Obst und Gemüse zu welcher Zeit Saison hat, verraten Obst- und Gemüsekalender, die im Internet oder in Garten-Magazinen zu finden sind oder von Bioverbänden herausgegeben werden.

Hildegards Glückskekse

FÜR 60 STÜCK

180 g Dinkelvollkornmehl

120 g Butter, zimmerwarm

50 g Vollrohrzucker

1 TL frisch geriebene Muskatnuss

1 TL Zimt

½ TL gemahlene Gewürznelken

AUSSERDEM

Ausstechform

ZUBEREITUNG

Den Backofen auf 180 °C vorheizen. Alle Zutaten rasch zu einem Teig verkneten. Den Teig 3 mm dick ausrollen und Kekse ausstechen. Die Kekse auf ein mit Backpapier ausgelegtes Backblech legen und 10 Min. backen. Aus dem Ofen nehmen und ca. 10 Min. abkühlen lassen. Die Kekse vom Blech nehmen und auf einem Kuchengitter auskühlen lassen. Trocken und dunkel lagern.

Maronicreme mit Glückskeksen

FÜR 2 PORTIONEN

200 g gegarte Maroni

200 ml Obers

Honig nach Geschmack

1 Prise Zimt

1 EL Rum

200 g Hildegards Glückskekse

ZUBEREITUNG

Die Maroni durch einen Fleischwolf drehen. Den Kastanienreis mit 50 ml Obers und Honig nach Geschmack glattrühren. Zimt und Rum unterrühren. Das restliche Obers steif schlagen und unter die Maronicreme ziehen. Die Creme in Gläser füllen, abdecken und kaltstellen.

Kurz vor dem Servieren die Kekse grob zerstoßen und über die Maronicreme streuen.

Meine schnellste und beste Schokotarte de luxe

FÜR 12 STÜCKE

250 g Butter plus etwas für die Form

350 g Schokolade (Kakaogehalt 70 %) oder Kuvertüre

5 Eier (Größe M)

100 g Kokosblütenzucker, alternativ Birkenzucker oder Rohrohrzucker

1 gehäufter EL Dinkelvollkornmehl

2 Tonkabohnen

Puderzucker zum Bestäuben

AUSSERDEM

Springform oder Tarteform (ø 25 cm)

ZUBEREITUNG

Den Backofen auf 170 °C vorheizen. Butter und Schokolade im heißen Wasserbad schmelzen und abkühlen lassen. Die Eier mit dem Zucker schaumig schlagen. Die Butter-Schokolade-Masse einrühren. Mehl unterrühren. Die Tonkabohnen hineinreiben. Den Teig in eine gefettete Springform oder Tarteform füllen und 20 Min. backen. Die Tarte auskühlen lassen. Vor dem Servieren mit Puderzucker bestäuben.

—— **TIPPS**

Zu der Schokotarte passt Vanilleeis. Statt Tonkabohnen können Sie die Tarte auch mit 1 gehäuften TL Orangenabrieb, ½ gehackten Chilischote oder Pfefferminzöl aromatisieren.

Sommer
im Glas

FÜR 2 GLÄSER À 250 ML

460 g frisch gepflückte Sommerbeeren
(z. B. Himbeeren, Heidelbeeren, Brombeeren)

60 g Rohrohrzucker

je 1 EL Bio-Zitronensaft und -abrieb

AUSSERDEM

kleine Einmachgläser oder Schraubgläser

ZUBEREITUNG

Den Backofen auf 80 °C vorheizen. Die Beeren waschen, verlesen und in einem Topf mit Zucker und etwas Zitronensaft sowie Zitronenabrieb erhitzen. Bei geringer Hitze ca. 15 Min. köcheln. Die Früchte in sterilisierte Gläser füllen. Die Gläser gut verschließen und 20 Min. im Wasserbad im Backofen einmachen. Anschließend in kaltes Wasser stellen, bis ein Vakuum entsteht. Im Kühlschrank lagern.

—— **TIPP**

Ich löffle den „Sommer im Glas" gerne als Zwischendurch-Snack oder serviere ihn meinen Gästen als Fruchtspiegel zu einem exklusiven Dessert.

Hollerröster
mit Rotwein

FÜR 4 PORTIONEN

400 g frisch gepflückte Holunderbeeren

1 großer Apfel

400 ml trockener Rotwein

50 g Vollrübenzucker

1 Prise Zimt

etwas Saft und Abrieb von 1 Bio-Zitrone

ZUBEREITUNG

Die Holunderbeeren waschen und abrebeln. Den Apfel schälen, vom Kerngehäuse befreien und grob reiben.

Holunderbeeren und Apfel in einem Topf mit Rotwein, Zucker und Zimt aufkochen. Etwas Zitronensaft und viel Zitronenabrieb zufügen. Die Hitze reduzieren und den Röster bei niedriger Temperatur ca. 90 Min. dick einkochen.

189

KLEINES ÖSTERREICHISCH-DEUTSCHES KÜCHENWÖRTERBUCH

abrebeln	abzupfen
Dörrzwetschke	Dörrpflaume
Fisole	grüne Bohne
Fleckerln	kleine quadratische Nudelblättchen
Gelbe Rübe	gelbe Karotte
Geselchtes	Rauchfleisch
Hinteres Ausgelöstes	Fehlrippe
Holler	Holunder
Laibchen (Hackfleisch-Laibchen)	Frikadelle
Karfiol	Blumenkohl
Kraut	Kohl
Marille	Aprikose
Marmelade	Konfitüre
Maroni	Esskastanie
Nockerl	längliches Klößchen
Obers	Sahne
Rollgerste	Rollgraupen, Graupen
Röster	Kompott
Rote Rüben	Rote Bete
Rotkraut	Rotkohl
Sauerrahm	saure Sahne
Schwarzbrot	Graubrot
Semmel	Brötchen
Semmelbrösel	Paniermehl
Stangensellerie	Staudensellerie
Weißkraut	Weißkohl
Topfen	Quark
Zwetschke	Zwetschge

DANKBAR

Mein Dank gilt allen voran dem Pichler Verlag, der mir mit diesem Buch die Chance gibt, meine Rezepte und meine Philosophie des Kochens auf diese besondere Art zu inszenieren.

Ganz besonders danke ich meiner beherzten Projektleiterin Jasmin Parapatits, der Lektorin Christine Schlitt, der Grafikerin Stefanie Wawer und der wunderbaren Fotografin Nadine Poncioni. Ohne sie wäre dieses Buch nicht möglich gewesen.

Mein Dank gilt auch jenen Menschen, die mich in meiner persönlichen kulinarischen Entwicklung stark geprägt haben: Allen voran meiner Mutter, meinem Lieblings-Ex-Stiefvater Walter sowie dem unterhaltsamen Spitzenkoch Erich Bauer, der mir jede Menge seiner Küchengeheimnisse verraten hat.

Danke auch an jene Menschen, die mich beim gemeinsamen Genießen immer wieder aufs Neue inspirieren und mir das eine oder andere Rezept geschenkt haben: Christine und Helmut Luner-Link, Christine Fuchshuber, der illustren Genussrunde rund um Thomas Steinmann, meiner Oma Gretl aus dem Waldviertel und natürlich meinem geliebten Mann Karl, der gerne mit mir gemeinsam kocht und mich mit viel Freude auf dieser lustvollen Reise begleitet hat.

STYRIA BUCHVERLAGE

© 2020 by Pichler Verlag
in der Verlagsgruppe Styria GmbH & Co KG
Wien – Graz
Alle Rechte vorbehalten.
ISBN 978-3-222-14032-7

Bücher aus der Verlagsgruppe Styria gibt es
in jeder Buchhandlung und im Online-Shop
www.styriabooks.at

Covergestaltung: Stefanie Wawer
Layout und Buchgestaltung: Stefanie Wawer
Lektorat: Christine Schlitt
Projektleitung: Jasmin Parapatits
Fotos: Nadine Poncioni

Druck und Bindung: Neografia
Printed in the EU
7 6 5 4 3 2 1

Hat Ihnen dieses Buch gefallen? Dann freuen wir uns über Ihre Weiterempfehlung. Erzählen Sie es im Freundeskreis, berichten Sie Ihrem Buchhändler, oder bewerten Sie beim Onlinekauf.
Wünschen Sie weitere Informationen zum Thema? Möchten Sie mit Ulrike Zika in Kontakt treten?
Wir freuen uns auf Austausch und Anregung unter leserstimme@styriabooks.at

Inspiration, Geschenkideen und gute Geschichten finden Sie auf **www.styriabooks.at**